Manual de Supervivencia 4.0

Manual de Supervivencia 4.0

Las PYMES en los tiempos de INTELIGENCIA ARTIFICIAL

Alice A. Siman

Copyright © 2024 Alice A. Siman

Todos los derechos reservados.

ISBN: 9798326635341

DEDICATORIA

Este libro está dedicado con todo mi amor a mi madre y su lucha contra el cáncer.

Asimismo, dedico este trabajo a TODAS las personas que luchan contra el cáncer de mama. Con cada avance que hacemos en la tecnología y la medicina, nos acercamos un paso más a un futuro donde enfermedades como estas sean, esperanzadamente, solo un amargo recuerdo.

Con cada capítulo, aspiro a ofrecer a cada padre y madre las herramientas necesarias para guiar a sus hijos hacia el campo de la ciencia, con la esperanza de que sus futuras contribuciones puedan algún día erradicar esta enfermedad de nuestras vidas.

Espero que estas palabras motiven a padres para impulsar a sus hijos a abrazar la ciencia no sólo como una carrera y una manera de aspirar a una mejor vida, sino también como una llamada a contribuir a algo mayor que ellos mismos.

Que este conocimiento compartido inspire y empodere a nuevas generaciones para que, juntas, forjen un futuro libre de cáncer.

CONTENIDO

Agradecimientos	
Introducción	3
1 La Revolución 4.0	7
2 Impactos Actuales sociales, tecnológicos y económicos de la Inteligencia Artificial	25
3 Ciencia de Datos e Inteligencia Artificial	33
4 Usos de la Analítica en las PYMES	49
5 Aplicaciones Prácticas de la Ciencia de Datos y la Inteligencia Artificial para las PYMES	69
6 Estrategias Empresariales para PYMES: El Papel del Factor Humano	81
7 Adopción de IA en las PYMES: Retos y Oportunidades	95
8 En materia de Personal	109
9 Agentes Virtuales y su Impacto en el Mundo Empresarial	131
10 Robótica en las PYMES de Latinoamérica: Automatización para el Futuro	143
11 Impresión 3D en las PYMES	149
12 IoT en Pequeñas y Medianas Empresas	161
13 Las PYMES 4.0	167
14 La Preparación para las Generaciones más Jóvenes	189
15 Gobiernos 4.0	207
16 Polos Tecnológicos	219
17 La Necesidad de Legislación	247
18 Los Peligros de la Revolución 4.0	273
19 El futuro	281
20 Reflexiones finales	293
Acerca de la autora: Alice A. Siman	327

AGRADECIMIENTOS

A mi hija, que me ilumina y A mi esposa, mi compañera

A mi hermana Michelle y a mi abuela Therese .

A mi tía Sonia.

Y a los amigos que siempre estuvieron ahí.

.

INTRODUCCIÓN

La Cuarta Revolución Industrial está cambiando el mundo, y las pequeñas y medianas empresas en América Latina, incluyendo México, no son la excepción. La necesidad de comprender y adaptarse a nuevas herramientas y conceptos puede ser abrumadora al principio y, sí, puede dar bastante miedo.

Por esta razón, decidí escribir este libro. Mi experiencia como científica de datos, desarrolladora de IA y empresaria me ha dado una visión de los desafíos y oportunidades que enfrentan las Pymes en una región que cambia constantemente. He complementado mi investigación con entrevistas a expertos.

A lo largo de mi carrera, he observado una falta de recursos específicos que aborden la Revolución 4.0 en el contexto de las Pymes latinoamericanas. Este vacío me inspiró a escribir este libro, con el objetivo de proporcionar una guía práctica y accesible que ayude a las pequeñas y medianas empresas a navegar por este nuevo y desafiante panorama tecnológico.

Las empresas pueden formar alianzas estratégicas con proveedores de tecnología y consultores especializados para adquirir el conocimiento y la experiencia necesarios para sacar el máximo provecho de las nuevas tecnologías. Superar los obstáculos y desafíos en el camino hacia la adopción tecnológica requiere determinación y perseverancia, pero los beneficios pueden ser enormes, proporcionando esa ventaja competitiva que necesita tu empresa.

La adaptabilidad es una lección crucial en la realidad empresarial. Las Pymes deben ser ágiles y adaptables en un entorno empresarial que está en constante cambio. La capacidad de adaptarse rápidamente a cambios tecnológicos, económicos y regulatorios es esencial para su supervivencia y éxito a largo plazo.

La Cuarta Revolución Industrial, un movimiento global que está borrando las líneas entre lo físico, lo digital y lo biológico, no solo está cambiando las grandes empresas sino que también está transformando el juego para las pequeñas y medianas empresas en todo el mundo. Avances como la inteligencia artificial, la robótica, el Internet de las Cosas (IoT) y la impresión 3D están transformando cómo las empresas operan, compiten y sirven a sus clientes.

Para las Pymes, esta revolución es un arma de doble filo: por un lado, ofrece la oportunidad de utilizar tecnologías previamente inaccesibles, mejorando significativamente su eficiencia y alcance. Pero, por otro lado, requiere una adaptación rápida a un mercado que no espera a nadie.

Busco ofrecerte una perspectiva clara y sencilla sobre la Revolución 4.0 y las tecnologías que la impulsan. Quiero que comprendas no tanto cómo funcionan estas tecnologías, sino cómo se están utilizando hoy en día y también cómo están remodelando nuestro mundo, el entorno de los negocios y social.

Este libro es una guía práctica para los líderes empresariales que buscan no solo sobrevivir, sino prosperar en la era digital. Espero que, como líder empresarial, encuentres inspiración y orientación en estas páginas mientras nos metemos de lleno en el tema de la Cuarta Revolución Industrial para Pymes.

Mi objetivo no es que solo conozcas estas tecnologías, si no que entiendas su importancia y cómo pueden tener un impacto positivo (o negativo) en tu vida y carrera.

Puede sonar un poco intimidante, porque, francamente, lo es, pero te prometo que saldrás de esto con vida. Confía en mí, ¡sí puedes aprender todo lo que necesitas! La Cuarta Revolución Industrial marca un hito en la historia de la humanidad, caracterizada por una fusión sin precedentes de tecnologías, que la verdad borra las fronteras entre los mundos físico, digital y biológico. Este cambio paradigmático es un terreno fértil para la innovación, pero, también exige una necesidad imperiosa de evolución en el ámbito empresarial, que debe de venir de los directivos… Queramos o no, el toro viene de frente, no hay escape, no es opción evitarlo, lo que sí es opción es si lo agarramos por los cuernos, o nos pasa encima.

Cómo directiva que estuvo al frente de los esfuerzos de transformación digital de una empresa con casi 300 trabajadores fui testigo de la resistencia de los líderes de las empresas al cambio con su nefasto impacto que esto puede traer en las industrias, además de los efectos terribles de no considerar al capital humano como recurso clave de la empresa. Como empresaria he tenido aciertos y fracasos, ahora como científica de datos y desarrolladora de IA me doy cuenta del poder transformador que tienen estas disciplinas no solo en las empresas, si no en aspectos de la vida que no hubiera imaginado hace 5 años. Este libro condensa años de conocimiento y experiencia práctica al frente de empresas, además de entrevistas con líderes industriales y un profundo research, con el objetivo de quitarle el aura de misticismo a estas tecnologías emergentes y hacerlas accesibles y aplicables para las pequeñas y medianas empresas.

En resumen, desmitificar y democratizar el conocimiento con mi propósito de equipar a empresarios y líderes empresariales con las herramientas necesarias para no solo comprender las dinámicas de estas nuevas tecnologías, sino también para implementarlas de manera práctica y efectiva en sus propias empresas.

La visión que ofrezco busca transformar la percepción de la tecnología de ser un monstruo que debe de ser temido a un aliado clave para ti.

Vamos a examinar aspectos cruciales como la automatización, la digitalización de operaciones y la ciberseguridad, todos ellos esenciales para cualquier empresa que aspire a competir en un mercado cada vez más globalizado y digitalizado. Además, de cómo la adaptabilidad y la innovación no son simplemente ventajas competitivas, sino requisitos absolutos para la supervivencia y el crecimiento en el siglo XXI.

La revolución tecnológica no se detiene ni espera a nadie, y es crucial que todos, desde los líderes empresariales hasta los trabajadores en todos los niveles de una organización, comprendan y se adapten a estas nuevas realidades. Quien no lo haga estará frito.

Las herramientas y estrategias que comparto están diseñadas para preparar a las PYMES para enfrentar estos retos con confianza y perspectiva.

Capítulo I

La Revolución 4.0

También conocida como la Cuarta Revolución Industrial, esta Era marca una transformación notable que entrelaza tecnologías digitales, físicas y biológicas en los procesos industriales y empresariales.

Esta revolución no solo presenta desafíos significativos, sino también oportunidades extraordinarias. La magia reside en cómo abordamos estos retos.

Se caracteriza por la incorporación de sistemas cibernéticos, el Internet de las Cosas (IoT), la inteligencia artificial (IA) y la robótica avanzada, entre otras innovaciones. Estas tecnologías están redefiniendo no solo la forma en que se fabrican y entregan los productos, sino también cómo interactuamos con los clientes y gestionamos las operaciones a través del uso de datos y automatización.

La Revolución 4.0 trasciende ser una mera tendencia o moda como muchos piensan; es una evolución necesaria para asegurar la competitividad y el crecimiento a largo plazo en un entorno cada vez más digitalizado. Creo que las tecnologías que la componen, especialmente la IA, son los descubrimientos más importantes desde el fuego. Para las PYMES, adaptarse es más que una opción; es una necesidad crítica para prosperar en el futuro.

Es crucial, importantísimo, básico y fundamental

entender que es una revolución industrial y comprender cómo cada una de ellas ha transformado a la sociedad para poder entender cómo la 4.0 transformará estos tiempos y así prepararte para que no solo esta ola de tecnología y cambios no te ahogue, sino que puedas surfear sobre ella.

Cada revolución industrial ha marcado un punto de inflexión para la sociedad, introduciendo cambios cada vez más rápidos y extensos:

Primera Revolución Industrial (1760s - 1840s): Centrada en la mecanización mediante motores a vapor y agua, marcó el inicio de un cambio profundo con la introducción del ferrocarril. Además, la mejora de las técnicas agrícolas redujo la necesidad de mano de obra en el campo, lo que provocó que muchos trabajadores rurales se trasladaran a las ciudades en busca de empleo en las fábricas. Este éxodo rural contribuyó al crecimiento de las ciudades y a la urbanización, transformando radicalmente la estructura social y económica de la época.

Segunda Revolución Industrial (1870s - 1920s): Esta fase trajo la electricidad, la producción en masa, así como avances en química y metalurgia, reconfigurando ciudades y economías a un ritmo sin precedentes. Antes de la electricidad, las personas se guiaban principalmente por la luz natural, despertándose con el amanecer y retirándose al anochecer. La llegada de la iluminación eléctrica permitió extender las horas activas, cambiando radicalmente los ciclos de sueño. Ahora, las jornadas laborales y las actividades sociales podían continuar mucho después del anochecer, alterando los patrones de descanso y contribuyendo al ritmo frenético de la vida moderna.

Tercera Revolución Industrial (1960s - 1990s): La era de la electrónica, las computadoras y la automatización, que transformó radicalmente nuestras economías y la vida cotidiana. Estas tecnologías desencadenaron la conectividad constante y un acceso ininterrumpido a la información que vicios el día de hoy, lo que impacta aún más los comportamientos humanos. Las fronteras entre el trabajo y la vida personal se difuminaron, y las personas están conectadas prácticamente las 24 horas del día, lo que afecta no sólo los ciclos de sueño, sino también la salud mental y el bienestar general de los humanos.

Cuarta Revolución Industrial (2010s - Actualidad): Dominada por la IA, IoT, la ciencia de datos y la robótica, esta revolución añade profundidad y rapidez a través de la integración de tecnologías como la robótica avanzada y la biotecnología. Estas tecnologías están redefiniendo lo posible y tienen un impacto profundo en campos tan variados como la medicina, la agricultura y la gestión urbana. Además, los cambios son más penetrantes, rápidos y complejos que en cualquier revolución previa, afectando casi todos los aspectos de la vida humana. Desde cómo vemos, con quién salimos, cómo vendemos, cómo hacemos guerras y hasta cómo pagamos impuestos (y pensábamos que Skynet daba miedo).

Imagina ahora una quinta revolución industrial potenciada por avances como la fusión nuclear, la superinteligencia artificial y la computación cuántica. La fusión nuclear, por ejemplo, podría proporcionar una fuente casi infinita de energía limpia, facilitando la digitalización total y expansión de capacidades de fabricación para mejorar millones de vidas humanas sin comprometer los ecosistemas de la Tierra, o de plano, nos destruimos entre nosotros con bombas nucleares más avanzadas; parece ser que Fallout no era tan exagerado...

Como están las cosas hoy en día.

Es complicado determinar exactamente en qué punto de adopción se encuentra una tecnología que no está ampliamente adoptada o que solo es utilizada por sectores específicos de alto poder adquisitivo. Sin embargo, podemos obtener una idea de cómo están las cosas utilizando una herramienta muy útil para este propósito: la Curva de Adopción de Tecnologías.

Al situar estas transformaciones en la Curva de Adopción de Tecnologías de Everett Rogers, observamos cómo las tecnologías clave de la Revolución 4.0, como la IA, IoT, robótica avanzada, impresión 3D y ciencia de datos, están siendo adoptadas en diferentes sectores y regiones. Este modelo, creado por Everett Rogers en 1962, no solo muestra cómo se diseminan las innovaciones, sino que también ofrece estrategias clave para los empresarios sobre cómo y cuándo integrar estas innovaciones en sus negocios para maximizar su impacto y eficiencia.

Rogers identifica cinco categorías de adoptantes de tecnología, cada una con características específicas que influencian su decisión de adoptar nuevas tecnologías:

- Innovadores (Entusiastas Tecnológicos): 2.5%
- Adoptantes Tempranos (Visionarios): 13.5%
- Mayoría Temprana (Pragmáticos): 34%
- Mayoría Tardía (Conservadores): 34%
- Rezagados (Escépticos): 16%

Las tecnologías de la revolución 4.0 y su estado de adopción

Muchos van a decir, todo esto es super nuevo, nadie lo está utilizando aún, solo los grandes como Amazon o Microsoft, pero, la verdad se equivocan, las tecnologías 4.0 ya están en todos lados, vamos a echarle un repasón, a ver en qué estado está cada una de ellas en la curva de Rogers:

Inteligencia Artificial

Actualmente estamos en una fase de transición entre los "Adoptantes Tempranos" y la "Mayoría Temprana". Varias empresas ya están implementando IA y aprendizaje automático no sólo para análisis de datos y tareas específicas, sino también para procesos de automatización más complejos y toma de decisiones estratégicas.

Ciencia de Datos

La ciencia de datos está avanzando hacia la "Mayoría Tardía". A medida que las empresas reconocen el valor de los datos para la toma de decisiones, la optimización de procesos y la personalización de servicios, su adopción se ha extendido a diversas industrias, desde la banca hasta el marketing digital.

Internet de las Cosas (IoT)

La adopción del IoT oscila entre la "Mayoría Temprana" y la "Mayoría Tardía". Esta tecnología se ha integrado ampliamente en numerosas industrias, facilitando la gestión de operaciones y el seguimiento en tiempo real en sectores como la manufactura, el retail y la salud.

Robótica Avanzada

La robótica se encuentra en la etapa de "Mayoría Temprana". Aunque en la manufactura la adopción es extensa, en otros sectores, como los servicios y la interacción directa con consumidores, la adopción aún está en desarrollo.

Impresión 3D

Esta tecnología está evolucionando de los "Adoptantes Tempranos" a la "Mayoría Temprana". En sectores como la manufactura aeroespacial y médica, la impresión 3D es ya bastante avanzada, mientras que en otros mercados aún está encontrando su aplicabilidad y valor.

La importancia de la adopción de nuevas tecnologías para las empresas

En la era digital, la adopción de nuevas tecnologías por parte de las industrias ha sido un factor decisivo en la supervivencia y el éxito de empresas y sectores completos. Esta evolución ha llevado a algunos a prosperar al abrazar las innovaciones, mientras que otros han enfrentado desafíos significativos al resistirse a ellas. Un análisis de cómo diferentes industrias han adoptado, o rechazado, las tecnologías emergentes puede ofrecer valiosas lecciones sobre la importancia de la adaptabilidad en el mundo empresarial contemporáneo.

Adaptación Positiva: La Industria del Cine y el Streaming

La adaptación positiva de la industria cinematográfica a la era del streaming ha sido un caso ejemplar de cómo las empresas pueden transformar una amenaza percibida en una oportunidad sustancial. Ante la creciente popularidad de plataformas como Netflix, Hulu y Amazon Prime, cines y estudios de cine enfrentaron inicialmente un futuro incierto. La conveniencia y accesibilidad del streaming amenazaba con eclipsar el modelo tradicional de ir al cine. Sin embargo, en lugar de resistirse a esta nueva realidad, muchas entidades dentro de la industria decidieron abrazar y adaptar las nuevas tecnologías a su favor.

Estrategias de Adaptación

Una de las primeras y más significativas adaptaciones fue la decisión de algunos estudios de cine de colaborar directamente con plataformas de streaming. Esta colaboración se manifestó de varias maneras. Por ejemplo, estudios como Universal Pictures empezaron a ofrecer "estrenos en casa", permitiendo a los espectadores ver nuevos lanzamientos en sus hogares simultáneamente con los estrenos en cines. Esta estrategia no sólo preservó ingresos que de otro modo se habrían perdido debido a la incapacidad o renuencia de los espectadores de visitar cines, especialmente relevante durante períodos como la pandemia de COVID-19, sino que también expandió el alcance de sus audiencias a nivel global más allá de las limitaciones geográficas de los cines.

Además, la creación de plataformas de streaming propias por parte de conglomerados de entretenimiento como Disney ha marcado un cambio importante en cómo los estudios manejan su contenido desde la producción hasta el consumidor. Con Disney+, por ejemplo, Disney no solo ofrece un extenso catálogo de películas y series clásicas, sino que también produce contenido exclusivo para la plataforma, como series derivadas de sus grandes franquicias de Marvel y Star Wars. Esta estrategia ha permitido a Disney mantener un control total sobre sus productos y fortalecer su marca directamente con los consumidores, al mismo tiempo que genera nuevas corrientes de ingresos recurrentes.

Beneficios de la Adaptación al Streaming

La adaptación al streaming ha traído consigo varios

beneficios clave para la industria cinematográfica. En primer lugar, ha permitido a los estudios alcanzar audiencias más amplias y diversificadas. Las plataformas de streaming hacen que las películas sean accesibles en cualquier lugar y en cualquier momento, eliminando muchas de las barreras geográficas y logísticas que limitaban el alcance del cine tradicional. Esto ha sido especialmente valioso para películas de nicho o de bajo presupuesto que podrían no haber recibido una distribución amplia en cines.

En segundo lugar, el streaming ha proporcionado a la industria del cine la capacidad de recopilar y analizar grandes cantidades de datos sobre preferencias y comportamientos de los espectadores. Esta información puede ser utilizada para informar decisiones futuras sobre producción y marketing, asegurando que los recursos se inviertan en proyectos con alta demanda potencial.

Desafíos Persistentes y Oportunidades Futuras

A pesar de estos beneficios, la adaptación al streaming no está exenta de desafíos. La competencia entre plataformas es feroz, y los costos asociados con la producción de contenido original de alta calidad son sustanciales. Además, la industria debe manejar cuidadosamente la relación entre los estrenos en cines y en plataformas para no alienar a los operadores de cines tradicionales.

Mirando hacia el futuro, la industria cinematográfica continuará explorando maneras de integrar más profundamente las tecnologías de streaming en sus operaciones mientras equilibra los intereses de todas las partes involucradas. La clave será mantener una estrategia flexible y adaptativa que pueda responder a los cambios rápidos en la tecnología y las preferencias de los consumidores. La adaptación al streaming no es solo una respuesta a una amenaza, sino también una puerta hacia nuevas oportunidades creativas y comerciales en el cambiante panorama del entretenimiento.

Adopción tardía: La Industria de la Radiodifusión

La resistencia a las nuevas tecnologías ha sido un tema recurrente en muchas industrias tradicionales, y la radiodifusión no es una excepción. A medida que las redes sociales y las plataformas de streaming de audio como Spotify y Apple Music comenzaron a ganar terreno, muchas emisoras de radio vieron cómo su audiencia tradicional empezaba a mermar, optando por formas más modernas y personalizables de consumir música y contenido.

En lugar de aprovechar estas nuevas herramientas digitales, muchas estaciones de radio se mantuvieron fieles a sus modelos de negocio tradicionales. Algunos directivos criticaron abiertamente a las nuevas plataformas, acusándolas de contribuir al declive de los contenidos de calidad, otros juraban que eran poco accesibles para el público en general ya que muchos tenían muy limitado el uso de datos celulares.

La actitud conservadora fue un reflejo de la incertidumbre y el desafío que representaban las nuevas tecnologías para la industria.

Sin embargo, esta resistencia al cambio también

condujo a tensiones internas y a una utilización ineficiente de los recursos, afectando la moral del personal. La reticencia a adaptarse al mercado digital resultó en una pérdida considerable de relevancia y audiencia para muchas de las radiodifusoras tradicionales. Cuando la importancia de los medios digitales se hizo evidente, ya era tarde para muchas empresas. Fue impactante ver empresas con una gran tradición y personal dedicado perder relevancia debido a decisiones estratégicas que no se basaron en datos.

Esto resalta el poder y la responsabilidad que los líderes tienen sobre sus empresas; una mala decisión puede afectar negativamente una historia de éxito de 50 años.

El no haber adoptado estas plataformas de manera temprana fue un error crítico, la adopción temprana de estas tecnologías no solo habría ayudado a retener a una audiencia que comenzaba a explorar nuevos medios digitales, sino que también habría atraído a nuevos oyentes nacidos en la era digital, que consideran internet como su principal fuente de entretenimiento e información.

El resultado de ignorar estas nuevas plataformas fue que muchos grupos radiofónicos gradualmente perdieron su posición de liderazgo. Competidores más ágiles y tecnológicamente adaptados llenaron el vacío, ofreciendo al público formatos más interactivos y personalizados que se alineaban mejor con sus estilos de vida digitales y móviles. Además, la integración de análisis de datos y algoritmos personalizados permitió a los creadores en estas nuevas plataformas ofrecer una experiencia de usuario altamente personalizada que la radio tradicional no podía igualar.

Esta experiencia subraya una lección crítica para todas las empresas: la importancia de ser proactivos en lugar de reactivos cuando se trata de tendencias tecnológicas. Las organizaciones que logran anticiparse y adaptarse a los cambios en las preferencias de los consumidores y las innovaciones tecnológicas no solo sobreviven, sino que prosperan. Aquellas que no lo hacen, se arriesgan a quedar relegadas y, eventualmente, desaparecer en un mercado cada vez más dominado por la tecnología y la innovación.

Por otro lado, hay ejemplos de adopción oportuna en la misma industria, que incorporan plataformas sociales a tiempo y mantienen una ventaja competitiva en el mercado, transformándose de ser las radios más escuchadas a convertirse en los grupos mediáticos locales más consumidos de sus regiones tomando ventaja, creando contenidos multicanal que adelantan tanto a medios 100% digitales como aquellas emisoras que no adoptaron el switch tecnológico a tiempo.

Innovación Necesaria: La Industria Bancaria

La industria bancaria ha experimentado una transformación radical con la irrupción de la tecnología financiera, conocida como fintech. Este sector emergente ha catalizado un cambio profundo, desafiando los modelos operativos tradicionales de los bancos y forzando a estas instituciones a adoptar un enfoque proactivo hacia la tecnología. En respuesta, muchos bancos tradicionales han comenzado a incorporar innovaciones como la banca en línea, aplicaciones móviles, y la tecnología blockchain, reconociendo que tales avances no solo mejoran la experiencia del cliente sino que también optimizan la eficiencia operativa y fortalecen la seguridad en las transacciones.

Impacto del Fintech en la Banca Tradicional

El fintech ha ofrecido alternativas ágiles y centradas en el usuario, que contrastan fuertemente con las estructuras a menudo rígidas y burocráticas de la banca tradicional. Startups de fintech, utilizando tecnologías avanzadas y enfoques centrados en el cliente, han logrado ofrecer servicios que son tanto más accesibles como más atractivos para el consumidor moderno. Estos incluyen pagos móviles, gestión personalizada de finanzas, préstamos en línea y más, todo disponible desde un smartphone o computadora sin necesidad de visitar una sucursal bancaria.

Por ejemplo, plataformas como PayPal y Square han revolucionado los métodos de pago, mientras que servicios como TransferWise (ahora Wise) y Revolut han simplificado las transferencias y operaciones cambiarias internacionales con tarifas reducidas y procesos optimizados. Además, los robo-advisors como Betterment y Wealthfront están democratizando el asesoramiento en inversiones, haciendo que los servicios que una vez fueron exclusivos para clientes de alto patrimonio sean accesibles para todos.

El impacto del fintech en la banca tradicional es particularmente notable en el contexto latinoamericano, donde plataformas como Mercado Pago han transformado fundamentalmente la manera en que las personas interactúan con los servicios financieros. Mercado Pago, el brazo financiero de Mercado Libre, ha desempeñado un papel crucial en la democratización del acceso a los servicios financieros en la región, ofreciendo una gama de servicios que incluyen desde pagos electrónicos hasta créditos personales y empresariales.

En América Latina, un alto porcentaje de la población no tiene acceso a servicios bancarios tradicionales. Muchas personas en la región no poseen una cuenta bancaria o no tienen fácil acceso a una sucursal bancaria. Fintechs cómo Mercado Pago han llenado este vacío proporcionando soluciones financieras accesibles y convenientes que pueden gestionarse completamente desde un smartphone. Esto ha permitido a millones de usuarios realizar transacciones, pagar servicios, recibir y enviar dinero, y acceder a créditos sin necesidad de interactuar con un banco tradicional.

Otras Fintechs latinoamericanas como Nubank de Brasil, Ualá de Argentina y Kueski de México también han tenido un impacto significativo en el sector financiero. Nubank, por ejemplo, se ha convertido en el banco digital independiente más grande del mundo en términos de número de clientes, ofreciendo tarjetas de crédito sin cuota anual, cuentas digitales, y productos de inversión que desafían a los bancos tradicionales con estructuras pesadas y tarifas elevadas. Otras startups que prometen soluciones más integrales como Suvi, tienen enfoques de inclusión financiera, incluido el de conectividad para cajeros automáticos en zonas alejadas y manejo de nóminas además de otras promesas interesantes podrían posicionarla como una opción muy interesante para PYMES cuando arranque operaciones

Estas empresas no solo ofrecen servicios financieros más accesibles, sino que también están a la vanguardia en la implementación de tecnologías avanzadas para mejorar la experiencia del cliente y la seguridad. El uso de big data y algoritmos avanzados permite a estas Fintech ofrecer una personalización sin precedentes en sus productos y servicios, ajustando sus ofertas a las necesidades específicas de cada usuario.

Además, han liderado la aplicación de medidas de seguridad innovadoras, como la autenticación biométrica y el análisis de comportamiento en tiempo real para prevenir el fraude.

La adopción de estas tecnologías no solo ha llevado a una mayor satisfacción del cliente, sino que también ha puesto presión sobre los bancos tradicionales para que innoven y mejoren sus propios servicios. Esto ha resultado en una mejora general de la industria financiera, elevando los estándares de servicio y eficiencia y promoviendo una mayor inclusión financiera.

El auge de las fintech en América Latina, con líderes como Mercado Pago y Nubank, ha catalizado una transformación profunda en el sector financiero. Estas plataformas no solo han desafiado el status quo, sino que han establecido un nuevo paradigma en servicios financieros, caracterizado por la accesibilidad, la innovación tecnológica y un fuerte enfoque en el cliente. Este cambio está obligando a los bancos tradicionales a repensar sus modelos de negocio y estrategias para competir en un mercado cada vez más dominado por soluciones ágiles y centradas en el usuario digital.

Respuesta de la Banca Tradicional

Ante esta competencia creciente, los bancos tradicionales no han tenido otra opción que adaptarse o enfrentar la obsolescencia. Los bancos que han adoptado estas tecnologías tempranamente ahora lideran el mercado, apelando a una base de clientes más joven y tecnológicamente hábil que valora la conveniencia y la eficiencia. Por ejemplo, muchos bancos ahora ofrecen opciones de banca móvil que permiten a los usuarios realizar operaciones bancarias cotidianas desde sus dispositivos móviles sin horarios restringidos. Estas apps no solo facilitan operaciones como la consulta de saldos y transferencias de fondos, sino que también ofrecen herramientas avanzadas de presupuestación y planificación financiera integradas.

Sin embargo, los bancos que han tardado en adaptar sus servicios a las expectativas del mundo digital están viendo cómo su base de clientes se erosiona gradualmente. La incapacidad de ofrecer una experiencia de usuario que se alinee con lo que plataformas de fintech proporcionan, puede resultar en una pérdida significativa de clientes, especialmente entre las generaciones más jóvenes que no tienen la misma lealtad a las instituciones financieras tradicionales como la tenían generaciones anteriores.

El Papel de la Tecnología Blockchain

Además, la adopción de la tecnología Blockchain ofrece un ejemplo ilustrativo de cómo la banca tradicional está respondiendo a los desafíos de las fintech. Blockchain no solo aumenta la seguridad a través de su naturaleza descentralizada y a prueba de manipulaciones, sino que también ofrece mejoras significativas en la eficiencia de las transacciones. Algunos bancos están explorando cómo esta tecnología puede ser utilizada para todo, desde la simplificación de los pagos internacionales hasta la reducción del fraude y la mejora del cumplimiento regulatorio.

La convergencia de la banca tradicional con fintech es un testimonio del poder de la adaptabilidad tecnológica en la era moderna. Mientras que el fintech continúa desplazando algunos aspectos de la banca tradicional, también ofrece oportunidades para que estas instituciones antiguas se reinventen y modernicen. El éxito en este nuevo paisaje financiero depende de la capacidad de los bancos tradicionales para integrar las nuevas tecnologías, mejorar la eficiencia operativa, y sobre todo, centrarse en mejorar la experiencia del cliente a través de la innovación continua.

Lecciones Aprendidas

Estos ejemplos ilustran cómo la adaptación a la tecnología puede ser un doble filo. Por un lado, hay empresas y sectores que han aprovechado las nuevas herramientas para reinventarse y fortalecer su posición en el mercado. Por otro lado, algunas industrias han visto cómo la resistencia al cambio puede llevar a una disminución en la relevancia y viabilidad.

La lección principal es que la adaptabilidad no es solo una ventaja competitiva, sino una necesidad empresarial en la era digital. Las empresas deben estar dispuestas a reevaluar sus modelos de negocio, explorar nuevas tecnologías y adaptarse rápidamente a los cambios del mercado para sobrevivir y prosperar. Esto implica no solo adoptar nuevas tecnologías, sino también desarrollar una cultura corporativa que valore la innovación y la flexibilidad.

Así que, mientras que la tecnología continúa avanzando a un ritmo sin precedentes, la capacidad de una empresa para adaptarse determinará su futuro en el mercado. Tanto en casos de éxito como de fracaso, las historias de estas industrias ofrecen valiosas lecciones sobre la importancia de abrazar la innovación y responder proactivamente a los desafíos tecnológicos.

La mecánica es la misma que en todos los tiempos de gran cambio: La adaptabilidad y resiliencia son la clave, no el tamaño y el poder.

Esto es algo simplemente producto de causa y efecto, lo podemos ver reflejado en la naturaleza, las estructuras políticas, sociales, empresariales y económicas.

Capítulo II

Impactos Actuales sociales, tecnológicos y económicos de la Inteligencia Artificial

La Cuarta Revolución Industrial ha movido el tapete de todos, transformando radicalmente la economía, los trabajos y la vida de las personas en todo el mundo. Este fenómeno, impulsado por avances tecnológicos como la inteligencia artificial (IA), la robótica, el Internet de las cosas (IoT), la ciencia de datos y la impresión 3D, está redefiniendo la forma en que vivimos, trabajamos y nos relacionamos entre nosotros.

La Inteligencia Artificial, piedra angular de la Cuarta Revolución Industrial, está reconfigurando el cómo funciona nuestra sociedad, la tecnología y la economía. La integración de la IA en diversos sectores no sólo ha impulsado un avance sin precedentes sino que también ha presentado nuevos desafíos y oportunidades. Desde la transformación de los modelos de negocio hasta la redefinición del mercado laboral, la IA se ha convertido en un catalizador de cambio masivo que afecta a todas las esferas de la actividad humana.

En el ámbito de los billetes, la Cuarta Revolución Industrial ha generado una disrupción significativa en los modelos de negocio tradicionales. Las empresas están tratando de adoptar tecnologías innovadoras para aumentar su eficiencia, reducir costos y mejorar la calidad de sus productos y servicios. La automatización de procesos industriales está cambiando la naturaleza misma del trabajo, permitiendo la producción en masa de bienes y servicios de manera más rápida y rentable que nunca antes.

La IA está en todos lados, pero estamos apenas viendo sus efectos. Hoy en día, la inteligencia artificial no es solo una fantasía del mañana, sino una realidad que está redefiniendo las industrias y la forma en que vivimos interactuando con el mundo. Este cambio incluye múltiples dimensiones, con la eficiencia operacional, la innovación de productos existentes y nuevos y la reconfiguración de la interacción laboral entre las más prominentes.

En particular, las estadísticas actuales no sólo ilustran el estado existente de la IA, sino qué tan grande de un disruptor en perspectiva es. Por ejemplo, se espera que la inteligencia artificial generativa incubará de entre 2.6 y 4.4 trillones de dólares entre industrias que incluyen el descubrimiento de nuevos fármacos y la optimización del supply chain, en resumen, un montón de lana en todos lados, la cosa es, en manos de quienes estará esa lana...

Otro ejemplo, que por cierto nunca deja de sorprenderme, es en la industria de alta tecnología, la IA ya está cambiando la forma de cómo se codifica el software.

En el retail, a su vez, está mejorando la interacción con el cliente y la atención en tiendas, por ejemplo con chatbots y cajeros de cobro automático.

Las primeras corporaciones en adoptar la IA encabezan a todas las demás, utilizando la tecnología no solamente para ahorrar costos, sino para acaparar nuevos mercados y darle un mayor valor a lo que ya tenían.

Estas son algunas estadísticas sobre cómo la IA está impactando en el mundo empresarial:

Adopción de IA en Empresas: El 37% de las organizaciones han implementado IA de alguna forma, lo que refleja un aumento del 270% en los últimos cuatro años (Gartner).

Mercado Laboral de IA: La IA también podría crear nuevos empleos en áreas como la programación, el desarrollo de software, la gestión de datos y la inteligencia artificial. Se estima que la IA podría crear hasta 133 millones de nuevos empleos para 2025, según PwC.

Automatización y Empleo: La IA podría automatizar el 25% de las tareas en todas las ocupaciones en Estados Unidos, afectando especialmente a las industrias manufacturera, logística y administrativa (McKinsey Global Institute).

Aumento del PIB: Se estima que la IA podría aumentar el PIB mundial en hasta 15,7 billones de dólares para 2030, según McKinsey Global Institute.

Desarrollo de Talentos en IA: Se estima que a finales del 2024, el 75% de las empresas tendrán una escasez visible de habilidades en IA, lo que subraya la necesidad de educación y capacitación en este campo (Gartner).

La implementación de la IA transformará industrias y procesos, pero no estará exenta de broncas, especialmente para aquellos menos adaptables a la tecnología y dentro del entorno laboral. Aunque la IA ofrece mejoras significativas en eficiencia y capacidad de innovación, las entidades que no logren adaptarse podrían enfrentar dificultades sustanciales, quedando potencialmente rezagadas en la economía digital. Como decimos en términos empresariales, van a ser los dinosaurios de sus industrias.

La influencia de la inteligencia artificial (IA) en los algoritmos de redes sociales, aplicaciones de citas y plataformas de streaming es profunda y omnipresente, moldeando nuestras interacciones en línea de formas que a menudo pasan desapercibidas, prácticamente nos dicen con quién salir y que ver sin que lo sepamos.

Los algoritmos de redes sociales impulsados por IA están diseñados para maximizar la participación del usuario y mantener a los usuarios comprometidos con la plataforma. Estos algoritmos analizan constantemente los datos de usuario, como las interacciones pasadas y las preferencias de contenido, para personalizar el feed de noticias de cada usuario y mostrarle contenido relevante. Por ejemplo, en Facebook, el algoritmo utiliza la IA para priorizar las publicaciones de amigos y familiares que generan más interacciones, mientras que en Instagram, sugiere contenido basado en las cuentas que el usuario sigue y los hashtags que utiliza.

Además, la IA cambió las aplicaciones de citas al mejorar la precisión de las coincidencias entre usuarios y facilitar la búsqueda de parejas compatibles. Estos algoritmos utilizan datos demográficos, intereses compartidos y comportamientos pasados para predecir la probabilidad de atracción entre dos personas. Por ejemplo, en Tinder y Bumble, el algoritmo utiliza un sistema de "deslizar a la derecha" o "deslizar a la izquierda" para recopilar datos sobre las preferencias de los usuarios y ajustar las sugerencias de coincidencias en consecuencia.

Aplicaciones como OkCupid utilizan cuestionarios detallados y algoritmos de correspondencia basados en IA para identificar parejas potenciales con intereses y valores similares. Creepy, pero efectivo.

En las plataformas de streaming como Netflix y Spotify, la IA se emplea para personalizar la experiencia de entretenimiento de cada usuario y recomendar contenido relevante. Estos algoritmos analizan el historial de visualización o escucha de un usuario, así como los datos demográficos y las preferencias declaradas, para sugerir películas, programas de televisión o música que puedan interesarle. Por ejemplo, en Netflix, el algoritmo de recomendación utiliza técnicas de aprendizaje automático para analizar patrones de visualización y predecir qué títulos disfrutará un usuario en función de sus gustos pasados y las tendencias de visualización de otros usuarios con perfiles similares.

De manera muy parecida, en Spotify, el algoritmo de descubrimiento utiliza el análisis de datos para crear listas de reproducción personalizadas y recomendar canciones nuevas que se ajusten al gusto musical de un usuario.

Y esto no solo está reservado a enormes corporaciones, yo misma he implementado sistemas similares a estos para clientes medianos en México, y de primera mano se por colegas de la industria de muchos otros negocios que tienen sistemas así.

La evolución tecnológica no solo ha afectado la vida cotidiana y la economía, sino que también ha transformado el campo de batalla de maneras interesantes, pero no debería de sorprendernos, los militares siempre han sido de los primeros impulsores de las tecnologías, y como se dice en Fallout, War, war never changes, y con la revolución 4.0 los militares siguen siendo creativos en encontrar maneras de destruirnos los unos a los otros. Un ejemplo destacado de esto es el uso de drones de bajo costo adaptados con munición de artillería, que se han convertido en una amenaza significativa para vehículos militares costosos como los tanques.

Un caso notable de esta dinámica se ha observado en conflictos recientes, como en Ucrania. En este escenario, drones comerciales como el Phantom 3 y 4 de DJI (que tienen ya varios años en el mercado) de bajo costo, que pueden adquirirse por alrededor de $2,000 dólares o incluso menos, han sido adaptados con la capacidad de transportar y lanzar pequeñas municiones explosivas.

Estos drones, a menudo equipados con cámaras y sistemas de control remoto, han demostrado ser una herramienta letal y sorprendentemente efectiva contra vehículos blindados, incluidos los tanques, que pueden costar millones de dólares en comparación.

La agilidad y versatilidad de estos drones les permiten evadir la detección y el ataque de sistemas de defensa más convencionales. Pueden operar a baja altitud y maniobrar entre obstáculos con relativa facilidad, lo que dificulta su detección y destrucción por parte de sistemas de defensa antiaérea más pesados y costosos. Además, su capacidad para realizar ataques precisos desde el aire les permite identificar y golpear puntos vulnerables en los tanques, como las entradas de ventilación o las aberturas de las escotillas, causando daños significativos e incapacitando a los vehículos enemigos.

Este cambio en la dinámica del campo de batalla ha llevado a una reevaluación de las estrategias militares y la necesidad de desarrollar contramedidas efectivas contra esta nueva amenaza. Las fuerzas armadas han comenzado a implementar sistemas de defensa aérea más ágiles y adaptados para contrarrestar los drones, así como a explorar nuevas tecnologías, como sistemas de interferencia electrónica y drones de combate autónomos, para neutralizar esta amenaza emergente.

El ejemplo de los drones adaptados con munición de artillería en Ucrania ilustra cómo la tecnología cada vez más accesible y asequible puede nivelar el campo de juego en el campo de batalla, desafiando las ventajas tradicionales de las fuerzas militares convencionales. Este fenómeno subraya la importancia de la innovación continua y la adaptación estratégica en un mundo donde las amenazas pueden surgir de fuentes inesperadas y aparentemente poco sofisticadas pero también la necesidad de impulsar legislaciones competentes, un ejemplo de no regular este tipo de cosas es por ejemplo uso de esta misma técnica por parte del Crimen Organizado.

Capítulo III
Ciencia de Datos e Inteligencia Artificial

Antes de entrar en materia te voy a contar una anécdota muy curiosa:

Cuando estudiaba prepa era un tronco para las matemáticas y una maestra siempre me decía: "Ni modos que en tu trabajo tengas un robot que haga matemáticas por ti".

Años más tarde, hago precisamente eso: me dedico a programar "robots" que realizan análisis estadísticos complejos de manera automática utilizando muchas veces otros "robots" para hacer gran parte del código para crearlos, así que creo que no le atinó mucho a su predicción (risas en Nerd). Lo triste, sí tuve que aprender una buena de matemáticas para poder aprender a hacer esto, así que quedemos en que fue un empate.

En fin, a todo esto, ¿Qué es ciencia de datos y que tiene que ver con la inteligencia artificial?. Bueno, la ciencia de datos es en pocas palabras, encontrar patrones, tendencias, y conclusiones significativas a partir de conjuntos de datos utilizando métodos, procesos, algoritmos, sistemas científicos todo revuelto con programación. Ahora, en la IA se desarrollan algoritmos y modelos que puedan simular la inteligencia humana, permitiendo a las máquinas realizar actividades como el reconocimiento de voz, la interpretación de imágenes, la toma de decisiones en base a datos, y otras tareas que requieren capacidad cognitiva. La ciencia de datos proporciona la base de datos y las herramientas analíticas necesarias para desarrollar modelos de IA inteligentes y efectivos por eso es muy difícil hablar de una sin hablar de la otra en la mayoría de los casos.

Orígenes y Evolución

La ciencia de datos es un campo multidisciplinario esencial en la era de la transformación digital y tecnológica, pero los conceptos no son para nada nuevos. Sus raíces se remontan a los siglos XVII y XVIII con matemáticos como Thomas Bayes y Pierre-Simon Laplace, cuyos métodos son fundamentales para la estadística moderna.

Además, genios como Alan Turing (el mismo que descifró la máquina Enigma el dispositivo que usaron los nazis para cifrar sus comunicaciones militares) en el siglo XX, con su trabajo en los fundamentos de la computación y la inteligencia artificial, fueron cruciales para el desarrollo de tecnologías modernas de procesamiento de datos y sentaron las bases de la IA, pero no habíamos podido aplicar esto de manera práctica por no contar con la tecnología para hacerlo posible

El poder de procesamiento moderno ha permitido aplicar prácticamente los métodos y algoritmos que fueron ideados hace años, especialmente fuera de las ciencias y la investigación. Durante el siglo XX, la estadística se consolidó como un campo esencial, con contribuciones significativas de dos personas que muchas veces no estaban de acuerdo: Ronald Fisher y Karl Pearson, dos gigantes de la estadística, solían tener opiniones muy diferentes sobre cómo analizar los datos.

En la revista Biometrika que Pearson fundó, los dos estadísticos a cada rato intercambiaban artículos y cartas tratando de convencer al otro de que su método era el mejor. Fisher estaba convencido de que su análisis de varianza era fundamental para entender las diferencias entre grupos, mientras que Pearson sostenía que su coeficiente de correlación podía revelar patrones en los datos que el ANOVA no detectaba.

A pesar de sus desacuerdos, Fisher y Pearson se tenían un profundo respeto mutuo y reconocían la importancia de las contribuciones del otro a la estadística. Al final del día, ambos eran unos titanes en el campo.

En 2001, William S. Cleveland acuñó el término "Data Science", describiendo este campo interdisciplinario que combina estadística, análisis de datos e informática. La ciencia de datos integra métodos estadísticos, algoritmos de machine learning y conocimientos específicos del dominio, extrayendo insights valiosos de conjuntos de datos complejos y diversos. Este campo se aplica ampliamente en sectores como salud, comercio minorista, finanzas y servicios públicos, jugando un papel crucial en la inteligencia artificial.

Aprovecho para saludar a quien me inició en el mundo de la Data Science, Oliab Herrera, a quien considero realmente una persona brillante.

Lenguajes de Programación en Ciencia de Datos: R, Python y SQL

R: El aliado de los expertos en estadísticas

Desarrollado en los años 90 por Ross Ihaka y Robert Gentleman en Nueva Zelanda, R es un lenguaje de programación creado específicamente para estadísticos y matemáticos. Es ideal para análisis detallados y visualizaciones de datos. A través del Comprehensive R Archive Network (CRAN), R ofrece acceso a un montón de herramientas para análisis de datos y técnicas de machine learning, con paquetes como ggplot2, dplyr y caret.

Como data scientist, ha sido una herramienta básica para mí en mi carrera. La verdad te recomiendo si te interesa más el machine learning darte el tiempo para aprenderlo.

Python: El favorito por su facilidad y comunidad

Python, un lenguaje de programación de alto nivel, se destaca por su facilidad de uso y legibilidad. Aunque no fue diseñado específicamente para estadísticas, su flexibilidad lo hace popular entre profesionales de varias áreas. Cuenta con una gran comunidad que desarrolla bibliotecas como NumPy, Pandas, Scikit-learn, TensorFlow y Keras, simplificando el manejo de grandes datos y la creación de modelos de machine learning y Deep learning.

Integración y utilidad

Tanto R como Python se integran bien con otras tecnologías y funcionan en plataformas de big data como Apache Spark y entornos de desarrollo como RStudio y Jupyter Notebooks. Python es fuerte en integraciones con aplicaciones web y backend, utilizando frameworks como Flask y Django, aunque últimamente se está popularizando FastAPI. R es ampliamente utilizado en estadística y bioinformática, preferido en ámbitos académicos y profesionales. La elección entre R y Python dependerá de las necesidades del proyecto, preferencias personales y el entorno de trabajo, siendo ambos lenguajes respaldados por comunidades activas y apasionadas.

SQL: Lenguaje o no, es básico.

SQL (Structured Query Language) es como el "idioma" que usamos para comunicarnos con las bases de datos. Imagina que las bases de datos son como grandes almacenes de información, y SQL es la forma en que les pedimos qué información queremos, cómo queremos que nos la den y qué queremos hacer con ella.

Aunque algunos debaten si SQL es realmente un lenguaje de programación, la verdad es que nos permite hacer muchas cosas útiles, como buscar datos específicos, agregar nuevos datos, actualizar información existente o incluso borrar datos que ya no necesitamos.

SQL es una herramienta fundamental en el mundo de las bases de datos, y aunque suene un poco técnico, es algo esencial para gestionar y trabajar con la información de tu empresa de manera eficiente.

Machine Learning

El Machine Learning es la base de la IA que se centra en construir sistemas capaces de aprender de los datos, identificar patrones y tomar decisiones con mínima intervención humana.

Esto pareciera algo super novedoso pero el término "Machine Learning" (aprendizaje automático) fue acuñado en los 1950s por Arthur Samuel . Este campo, que originalmente estaba fuertemente ligado a la inteligencia artificial, se desarrolló en paralelo y a menudo en intersección con la estadística tradicional.

Figuras como Geoffrey Hinton, Yann LeCun y Yoshua Bengio, conocidos como los "padrinos del aprendizaje profundo", han sido pioneros en métodos que permiten a las computadoras aprender de los datos de formas que imitan bastante el aprendizaje humano.

La Dra. Vivienne Ming es una reconocida científica e investigadora que ha utilizado la ciencia de datos para abordar algunos de los problemas más complejos en las áreas de educación y salud. Su trabajo se centra en cómo la tecnología y el análisis de datos pueden ser empleados para mejorar la vida de las personas y maximizar el potencial humano.

Utiliza algoritmos para analizar datos, aprender de ellos y realizar predicciones o tomar decisiones basadas en la información recogida.

En lugar de estar explícitamente programados para realizar una tarea específica, estos algoritmos permiten a la máquina aprender de los datos y mejorar su rendimiento con el tiempo. Existen varios tipos de aprendizaje en Machine Learning, incluyendo aprendizaje supervisado, no supervisado y por refuerzo.

Redes Neuronales

Las redes neuronales son algoritmos inspirados en el funcionamiento del cerebro humano, diseñados para imitar la manera en que los humanos aprenden.

Están compuestas por nodos o "neuronas" organizadas en capas. Cada nodo está conectado a otros y tiene una función específica; recibe datos de entrada, los procesa y pasa el resultado a la siguiente capa.

La primera capa recibe los datos de entrada, las capas intermedias realizan varias computaciones a través de sus nodos, y la última capa produce el resultado de salida.

Las redes neuronales son fundamentales para el Deep Learning, ya que permiten el procesamiento de datos complejos y la identificación de patrones sofisticados que no serían posibles con modelos más simples o algoritmos lineales.

Deep Learning

El Deep Learning es un subconjunto del Machine Learning que utiliza redes neuronales profundas para analizar varios niveles de abstracción en los datos.

La "profundidad" en Deep Learning se refiere a la cantidad de capas a través de las cuales pasa la información en la red neuronal.

Estas redes son capaces de capturar relaciones complejas en grandes volúmenes de datos, lo que las hace particularmente útiles para tareas que requieren el reconocimiento de patrones, como la identificación de objetos en imágenes o la comprensión del lenguaje natural de manera autónoma.

El Deep Learning ha impulsado significativamente el avance de la IA, permitiendo avances en áreas como la visión por computadora y el procesamiento del lenguaje natural.

Inteligencia Artificial

La Inteligencia Artificial (IA) representa uno de los avances tecnológicos más significativos de nuestra era, simbolizando la emulación de la inteligencia humana en máquinas que están diseñadas para pensar y actuar como los seres humanos. Esto abarca desde funciones limitadas, como las que encontramos en la tecnología actual, hasta capacidades más complejas que los avances futuros podrían permitir.

Fundamentos y Tecnologías Clave de la IA

La esfera de la IA incluye diversas tecnologías subyacentes, como el aprendizaje automático (Machine

Learning), el procesamiento del lenguaje natural (NLP), la robótica, y la visión por computadora, entre otras. El aprendizaje automático permite a las máquinas aprender de los datos y mejorar su rendimiento con el tiempo sin ser programadas explícitamente. Por su parte, el procesamiento del lenguaje natural facilita la comprensión y generación del lenguaje humano, permitiendo a las computadoras interpretar, generar y responder a textos y voces humanas.

La robótica integrada con IA utiliza algoritmos para manejar tareas como la navegación autónoma, la manipulación de objetos, y la interacción social, mientras que la visión por computadora permite a las máquinas reconocer y procesar imágenes y videos de manera que pueden realizar tareas tales como identificar objetos, rostros y escenarios.

Aplicaciones e Impacto en Diversas Industrias

La IA se ha integrado de manera extensiva en una amplia gama de campos y sectores. En el sector médico, por ejemplo, la IA contribuye al diagnóstico precoz de enfermedades, personalización de tratamientos y operaciones quirúrgicas realizadas por robots. En las finanzas, los algoritmos avanzados ayudan en la detección de fraudes, la gestión de riesgos y la automatización de operaciones bancarias.

El comercio minorista se ha transformado con sistemas de IA que mejoran la experiencia del cliente a través de recomendaciones personalizadas, gestión de inventarios inteligente y optimización de la logística. En el ámbito manufacturero, la IA optimiza las cadenas de suministro, mejora la calidad del producto y aumenta la eficiencia de la producción mediante robots inteligentes y mantenimiento predictivo.

El transporte también se beneficia enormemente de la IA, especialmente con el desarrollo de vehículos autónomos que prometen transformar radicalmente la movilidad urbana, reduciendo accidentes y mejorando el flujo del tráfico.

En el sector de atención al cliente, los chatbots alimentados por IA proporcionan asistencia las 24 horas del día, personalizando las interacciones y mejorando la satisfacción del cliente. Además, en el campo de la seguridad, la IA ayuda en el monitoreo y análisis de video en tiempo real para detectar actividades sospechosas y mejorar la seguridad pública.

Implicaciones Futuras de la IA

Mirando hacia el futuro, la IA tiene el potencial no solo de automatizar tareas, sino también de transformar las industrias al habilitar nuevas maneras de hacer negocios y nuevas formas de interacción humana. A medida que estas tecnologías evolucionen, podrían redefinir la naturaleza del trabajo, la estructura de la economía y la interacción social en escalas sin precedentes.

La implementación ética y responsable de la IA será crucial para maximizar sus beneficios y minimizar los riesgos asociados, como la invasión de la privacidad, el desplazamiento laboral y los dilemas morales en la toma de decisiones automatizadas. Asegurando que la IA se desarrolle de manera que respete los valores humanos y fomente una inclusión amplia, podemos dirigir su evolución hacia un impacto positivo y transformador en la sociedad.

Panorama tecnológico actual

Desde mejorar la seguridad informática hasta revolucionar el campo médico con robótica autónoma, cada innovación nos acerca más a un futuro donde la inteligencia artificial no solo asiste, sino que también mejora nuestras interacciones humanas. Estas son solo algunas herramientas a las cuales tenemos acceso hoy en día, algunas más avanzadas en su proceso tecnológico y adopción claro, pero a final de cuentas, cosas que imaginamos como algo super futurista hoy son reales.

- Seguridad Cibernética Cognitiva: Utiliza técnicas de IA para mejorar la seguridad informática, desde la identificación proactiva de amenazas y comportamientos anómalos hasta la prevención de ataques.

- Asistentes Personales Robóticos: Robots diseñados para asistir en tareas personales como la gestión del hogar o cuidado personal, en una interacción inteligente y adaptable.

- Robótica Quirúrgica Autónoma: Se refiere a los robots desarrollados con la capacidad de realizar o facilitar procesos quirúrgicos con un mínimo porcentaje de control humano, mejorando la precisión y reduciendo los tiempos de recuperación.

- Robótica en la Nube de Próxima Generación: Robots que utilizan la nube para procesar datos y coordinar tareas con otros robots, permitiendo operaciones más complejas y adaptativas en tiempo real.

- Juegos Controlados por la Mente: Juegos que usan interfaces cerebro-computadora para controlar la acción en el juego a través de la actividad cerebral del jugador y ofrecerles una experiencia más inmersiva.

- Traducciones en Tiempo Real: Tecnologías que permiten la traducción instantánea de texto o voz de un idioma a otro, facilitando la comunicación entre hablantes de diferentes lenguas sin demora.

- Compañeros Virtuales: Una entidad virtual que proporciona compañía conversacional afectiva o asistencia emocional y conversacional a través de interacción natural, fluida y conversacional generada por IA.

- Sistemas Autónomos: Sistemas que operan de forma independiente sin control humano, construidos con toma de decisiones en tiempo real, aplicables a vehículos autónomos, drones y otros que requieren toma de decisiones en tiempo real.

- Reconocimiento de Patrones: Tecnología utilizada en varios sectores como visión por computadora, reconocimiento de voz y análisis predictivo, para reconocer patrones y regularidades en los datos.

- Procesamiento de Lenguaje Natural (PLN): Tecnología que permite a las computadoras entender e interactuar de manera natural y útil con el texto o la voz humana.

- Chatbots: Programas de software diseñados para mantener conversaciones con usuarios humanos en forma textual o auditiva, comúnmente utilizados en servicio al cliente o asistentes virtuales.

- Análisis de Sentimientos en Tiempo Real: Herramientas que analizan opiniones y emociones en comentarios de textos en redes sociales y otros medios, para identificar las reacciones y sentimientos hacia productos, servicios o temas en tiempo real.

Estas son una serie de tecnologías emergentes que están redefiniendo los límites de lo posible en la interacción humano-máquina, proporcionando nuevas formas de comunicación, entretenimiento, y soporte operacional a través de sistemas autónomos y análisis en tiempo real.

Estamos en un punto donde cada paso tecnológico nos lleva a un nuevo horizonte de posibilidades.

Las plataformas de inteligencia artificial, como el proyecto Google DeepMind, han hecho contribuciones significativas en el campo de la ciencia de materiales. Por ejemplo, Google DeepMind ha descubierto más de 2,200,000 materiales, según algunos informes y demostraciones de su capacidad para predecir y modelar estructuras de materiales complejos.

En comparación, los investigadores humanos, a lo largo de muchos años de investigación tradicional, han identificado y catalogado una cantidad considerablemente menor de materiales. Hasta la fecha, los investigadores humanos han descubierto aproximadamente 736 materiales, según cifras citadas en contextos similares.

The Matrix es REAL (para gusanos, desde 2014)

OpenWorm no es solo un proyecto de investigación; es una ambiciosa iniciativa de código abierto que aspira a crear el primer modelo computacional completo de un organismo vivo, específicamente el nematodo C. elegans.

Este organismo fue elegido debido a su simplicidad relativa, con aproximadamente 1,000 células en total y un sistema nervioso compuesto por 302 neuronas, lo que lo hace ideal para la modelización detallada. Construir un modelo interactivo en 3D que simula todas las células de un gusano, incluyendo su sistema muscular y neural, para entender cómo sus genes controlan su comportamiento fue el objetivo... y Wow, definitivamente se logró, es divertidísimo ver cómo responde el gusano en tiempo real.

OpenWorm es un referente en la simulación de vida, mostrando cómo la combinación de genética, neurociencia y biología computacional puede desbloquear nuevos entendimientos sobre organismos vivos. El proyecto podría informar sobre nuevas estrategias para tratar enfermedades neurodegenerativas o mejorar los algoritmos de IA basados en procesos biológicos naturales.

Y quién sabe, con los avances tecnológicos actuales, no dudemos que en menos de 50 años podríamos tener una réplica digital de un cuerpo humano, lo cual abre muchísimas posibilidades, tanto maravillosas como escalofriantes.

Imagina el potencial que todo esto podría traer.

Capítulo IV

Usos de la Analítica en las PYMES

Siempre con recursos apretados y compitiendo a menudo contra gigantes del mercado, las PYMES deben buscar herramientas y estrategias que les permitan sobrevivir y prosperar.

La analítica, que abarca desde la Ciencia de Datos hasta el Marketing y Business Intelligence, se presenta como una de las herramientas más poderosas y transformadoras disponibles para estas empresas.

La analítica se presenta no solo como una herramienta de gestión del presente, sino como una inversión esencial hacia el futuro de las PYMES, permitiéndoles lidiar con éxito por las complejidades del mercado moderno y capitalizar sobre las oportunidades emergentes de manera proactiva e informada.

Una empresa que no está informada con datos es como un conductor que se avienta a una intersección sin ver, igual y pasas sin problemas, pero posiblemente, te lleves un buen trancazo.

Ciencia de Datos

La Ciencia de Datos ha revolucionado la forma en que las empresas, independientemente de su tamaño, abordan sus problemas y buscan soluciones. Mediante la combinación de técnicas estadísticas avanzadas y machine learning, los datos brutos se convierten en insights accionables, que pueden ser la base para decisiones estratégicas clave.

Aplicaciones Prácticas en PYMES

Optimización de Recursos:

Al analizar los datos de operaciones, las PYMES pueden identificar áreas donde los recursos se están desperdiciando y redirigirlos para maximizar la eficiencia. Por ejemplo, una empresa de manufactura podría utilizar modelos predictivos para optimizar su cadena de suministro, reduciendo los tiempos de inactividad de la maquinaria y mejorando la logística de entrega.

Identificación de Nuevas Oportunidades de Negocio:

Los algoritmos de análisis de datos pueden detectar tendencias emergentes antes de que sean evidentes en el mercado. Esto permite a las PYMES adaptar sus productos o servicios rápidamente para satisfacer nuevas demandas del consumidor. Un estudio realizado por McKinsey & Company destacó que las empresas que se basan en datos para tomar decisiones son un 23% más rentables que aquellas que no lo hacen.

Mejora de la Toma de Decisiones:

La toma de decisiones basada en datos concretos y análisis predictivos reduce significativamente la incertidumbre. Las PYMES pueden planificar con mayor precisión, desde la expansión del negocio hasta la optimización de las campañas de marketing.

Personalización del Servicio al Cliente:

Utilizando técnicas de análisis de datos, las empresas pueden crear perfiles detallados de sus clientes y personalizar sus interacciones y ofertas. Por ejemplo, una tienda de ropa online podría sugerir productos específicos a sus clientes basándose en sus compras anteriores y preferencias mostradas, lo que aumenta la tasa de satisfacción del cliente y la fidelidad.

Gestión de Riesgos:

La ciencia de datos permite a las empresas anticipar riesgos potenciales y mitigarlos antes de que causen problemas significativos. Por ejemplo, un banco pequeño podría usar modelos predictivos para evaluar el riesgo de crédito, mejorando así su cartera de préstamos y reduciendo las tasas de incumplimiento.

Optimización de Precios:

Al analizar datos del mercado y el comportamiento de compra de los consumidores, las PYMES pueden establecer estrategias de precios más efectivas. Por ejemplo, un restaurante podría utilizar análisis de datos para ajustar los precios de los menús en diferentes momentos del día o durante ciertas temporadas para maximizar los ingresos.

Eficiencia Operativa:

Los datos pueden ser utilizados para mejorar la eficiencia operativa a través de la automatización de procesos y la optimización de flujos de trabajo. Por ejemplo, una empresa de logística podría emplear algoritmos para optimizar rutas de entrega basándose en patrones de tráfico y condiciones meteorológicas, ahorrando tiempo y costos de combustible.

Toma estos ejemplos de cómo la ciencia de datos no solo es una herramienta para grandes corporaciones, sino que es accesible y puede ser transformadora para las PYMES, permitiéndoles competir en un mercado cada vez más basado en el análisis de datos. Piensa cómo podrías aplicar alguno de estos ejemplos a tu negocio.

Estrategias de Implementación para PYMES

La implementación efectiva de la ciencia de datos puede ser un cambio significativo para las PYMES, permitiéndoles competir más eficazmente en el mercado. Aquí están algunas estrategias claves para una implementación exitosa:

1. Recopilación de Datos Eficaz

Implementar sistemas automatizados para recoger datos de clientes, ventas, y operaciones es esencial. Es fundamental que estos sistemas sean seguros y eficientes para proteger la información sensible de la empresa y de los clientes. Los sistemas de gestión de la relación con el cliente (CRM) y los sistemas de planificación de recursos empresariales (ERP) pueden ser herramientas valiosas en esta recolección, asegurando que los datos no solo sean acumulados, sino también actualizados y precisos.

2. Análisis Avanzado

Utilizar software especializado en análisis para identificar patrones y predecir tendencias. Herramientas como Tableau o Microsoft Power BI son accesibles y proporcionan una visualización potente que puede interpretarse fácilmente por no especialistas. Estas herramientas ayudan a las PYMES a tomar decisiones basadas en datos, mejorando áreas como la fijación de precios, la gestión de inventarios y las estrategias de marketing.

3. Capacitación y Cultura de Datos

Es crucial desarrollar una cultura organizacional que vea los datos como un recurso estratégico. La capacitación en análisis de datos debe ser parte integral de la formación continua de los empleados. Invertir en workshops, seminarios y cursos en línea puede ayudar a empoderar a los empleados para que utilicen los datos de manera efectiva y fomentar un enfoque basado en datos en toda la organización.

4. Integración de Tecnología y Herramientas Adecuadas

La elección de la tecnología y las herramientas adecuadas es crucial para la estrategia de datos de una PYME. Las soluciones de nube, por ejemplo, pueden ofrecer escalabilidad y accesibilidad, permitiendo a las empresas almacenar grandes volúmenes de datos y acceder a ellos desde cualquier lugar. Además, plataformas como Google Analytics para análisis web y redes sociales pueden ofrecer insights críticos sobre el comportamiento del cliente y la eficacia de las campañas de marketing.

5. Seguridad y Cumplimiento de Normativas

Dado que las PYMES a menudo manejan datos sensibles, asegurar estos datos y cumplir con las regulaciones locales e internacionales es imperativo. Implementar políticas de seguridad de datos, realizar auditorías de seguridad regulares y educar a los empleados sobre las mejores prácticas de seguridad son pasos esenciales para proteger la información contra violaciones y amenazas cibernéticas.

6. Adopción de Modelos Predictivos y Aprendizaje Automático

Más allá del análisis de datos tradicional, las PYMES pueden adoptar modelos predictivos y técnicas de aprendizaje automático para anticipar tendencias del mercado y comportamientos del consumidor. Estas tecnologías pueden ayudar a predecir demandas de productos, optimizar operaciones y personalizar ofertas de servicios, lo que puede significar una gran ventaja competitiva en el mercado.

7. Colaboración y Asociaciones Estratégicas

Finalmente, las PYMES deberían considerar formar asociaciones estratégicas con consultores de datos o empresas de análisis que pueden proporcionar la experiencia y los recursos que no están disponibles internamente. Esto puede acelerar el proceso de transformación digital y permitir a las PYMES centrarse en su core business mientras expertos manejan la complejidad de los datos.

Implementar estos pasos puede ayudar a las PYMES a maximizar el potencial de la ciencia de datos, transformando datos brutos en decisiones estratégicas que impulsan el crecimiento y la innovación. Pero tienes que ser muy cuidadoso, los riesgos de malas implementaciones son caros.

Business Intelligence

El Business Intelligence (BI) se ha convertido en una herramienta esencial para las empresas que buscan mejorar su capacidad de respuesta y competitividad en un mercado cada vez más dinámico. Al utilizar BI, las PYMES pueden aprovechar los datos para respaldar decisiones más rápidas y fundamentadas, permitiendo una visión en tiempo real del rendimiento en distintas áreas del negocio y la realización de ajustes ágiles y precisos.

Ventajas Clave de BI

Monitoreo de Rendimiento:

Las herramientas de BI proporcionan dashboards interactivos que no solo muestran el desempeño de la empresa en tiempo real sino que también ofrecen la capacidad de profundizar en los datos para entender las tendencias subyacentes. Esto facilita la detección rápida de problemas operativos o áreas de mejora, permitiendo a los gestores actuar rápidamente para resolver ineficiencias, optimizar recursos y mejorar la productividad general. Por ejemplo, un dashboard puede revelar que ciertos procesos consumen más recursos de lo esperado, lo que podría llevar a una revisión de estas prácticas o a la implementación de tecnologías más eficientes.

Análisis Competitivo:

Utilizar BI para realizar análisis competitivos permite a las PYMES compararse contra estándares de la industria y los principales competidores. Este tipo de análisis es crucial para entender no sólo las propias fortalezas y debilidades de una empresa, sino también para identificar y adaptar estrategias exitosas implementadas por otros. Por ejemplo, si un competidor está logrando un alto rendimiento en el servicio al cliente debido a la implementación de una nueva tecnología de CRM, una PYME podría considerar una inversión similar para mejorar su propia eficiencia en esa área.

Decisiones Estratégicas Informadas:

El análisis de datos históricos es una de las mayores fortalezas de BI. Permite a las PYMES planificar futuras expansiones o cambios estratégicos con mayor certeza. Estos análisis pueden prever los posibles impactos de diferentes estrategias de negocio y facilitar decisiones basadas en escenarios proyectados. Por ejemplo, mediante el análisis de tendencias de ventas y demanda de mercado, una PYME podría decidir expandir su línea de productos o entrar en nuevos mercados, asegurándose de que estas decisiones estén bien fundamentadas.

Expansión de las Capacidades de BI

Integración de Sistemas Avanzados:

Para maximizar los beneficios de BI, es esencial que las herramientas se integren de manera efectiva con otros sistemas empresariales, como ERP y CRM. Esto no solo proporciona una visión completa y unificada del negocio sino que también facilita la automatización de procesos y la mejora de la gestión de relaciones con los clientes.

Herramientas Asequibles de BI

Las PYMES deben enfocarse en seleccionar soluciones de BI que se adapten tanto a su presupuesto como a sus necesidades específicas. No es necesario invertir en plataformas complejas diseñadas para grandes corporaciones; a menudo, herramientas más sencillas pueden proporcionar los insights necesarios a un costo mucho menor. Esto puede incluir el uso de software como Tableau Public, Google Data Studio, o Microsoft Power BI, que ofrecen versiones gratuitas o de bajo costo que son suficientes para muchas necesidades de análisis de datos de las PYMES.

Integración de Datos

Para que la BI sea verdaderamente efectiva, es vital que los sistemas puedan integrarse sin problemas con otros sistemas empresariales, como los ERP o CRM. Esta integración asegura una visión holística y coherente del negocio, facilitando una base sólida para tomar decisiones bien informadas. Por ejemplo, la integración de BI con un sistema ERP permite un análisis en tiempo real del inventario, ventas y operaciones, lo que ayuda a los líderes empresariales a tomar decisiones rápidas y fundamentadas.

Formación en BI

Capacitar a líderes y empleados clave en el uso eficaz de dashboards y herramientas de BI es crucial para maximizar el valor de estas tecnologías. Los empleados deben ser capaces de interpretar correctamente la información presentada y aplicarla en sus áreas de responsabilidad. Esto puede lograrse mediante talleres de formación internos, webinars, y cursos en línea que enseñan cómo utilizar eficazmente las herramientas de BI y cómo interpretar datos complejos.

Capacitación Continua:

Invertir en la capacitación continua del equipo en el uso de herramientas de BI es crucial. Esto no solo mejora la competencia y la confianza del personal para tomar decisiones basadas en datos, sino que también promueve una cultura de mejora continua e innovación basada en datos.

Predicción y Modelado:

La implementación de modelos predictivos dentro de las herramientas de BI puede transformar cómo una empresa anticipa el comportamiento del mercado y la demanda del consumidor. Por ejemplo, modelos predictivos pueden ayudar a prever fluctuaciones en la demanda de productos, permitiendo a la empresa ajustar su producción y gestión de inventario de manera proactiva.

Al adoptar y adaptar estas prácticas y herramientas de Business Intelligence, las PYMES no solo pueden mejorar significativamente su eficiencia y efectividad operativa, sino también asegurar una posición más competitiva en el mercado. Esta estrategia integral de BI permite a las empresas no solo responder a los desafíos actuales sino también anticiparse y adaptarse a los futuros cambios en el mercado.

Marketing con Intelligence para PYMES

En el ámbito del marketing moderno, la habilidad para analizar grandes volúmenes de datos y extraer insights valiosos representa un diferenciador clave. El Marketing Intelligence capacita a las PYMES para personalizar sus enfoques y optimizar las interacciones con los clientes, adaptándose a sus necesidades específicas de manera más efectiva y eficiente.

Ventajas Estratégicas del Marketing Intelligence

Segmentación Precisa de Clientes:

La capacidad de identificar con precisión los segmentos de clientes más rentables y aquellos que requieren un enfoque diferenciado es crucial. Esto permite a las PYMES diseñar campañas de marketing más dirigidas y efectivas, maximizando el retorno de inversión al enfocarse en los grupos de clientes que más probablemente responderán positivamente a ciertas ofertas y mensajes.

Evaluación de Campañas:

Las herramientas de análisis en tiempo real permiten medir la efectividad de cada campaña de marketing al momento, proporcionando la flexibilidad de realizar ajustes inmediatos para mejorar los resultados. Esta capacidad de respuesta rápida es invaluable, especialmente en mercados altamente competitivos donde las primeras impresiones y las reacciones ágiles pueden determinar el éxito de una campaña.

Optimización de la Experiencia del Cliente:

Personalizar la experiencia basada en datos detallados sobre el comportamiento y las preferencias del cliente puede mejorar significativamente la satisfacción y fidelidad del cliente. Al ajustar las interacciones para alinearlas con las expectativas y deseos del cliente, las PYMES pueden incrementar el valor de vida del cliente, convirtiendo interacciones puntuales en relaciones a largo plazo.

Tácticas de Marketing Intelligence para PYMES

Herramientas de Análisis de Redes Sociales:

Estas herramientas son fundamentales para analizar el sentimiento y la percepción de la marca en las plataformas sociales, proporcionando feedback crucial sobre la efectividad de las estrategias de comunicación y promoción. Al comprender cómo los usuarios hablan y sienten acerca de la marca, las PYMES pueden ajustar su enfoque comunicacional para mejorar la percepción y el engagement.

Análisis Predictivo:

El uso de modelos predictivos para anticipar las reacciones del mercado y adaptar las campañas de marketing antes de que los cambios de tendencia se conviertan en desafíos es otro aspecto vital. Estas herramientas no solo mejoran la capacidad de la empresa para actuar de manera proactiva, sino que también refuerzan su resiliencia frente a cambios inesperados en el mercado.

Capacitación en Marketing Digital:

Invertir en la formación continua del equipo de marketing en las últimas herramientas y técnicas es esencial para mantener la competitividad. Asegurar que el equipo está bien versado en las tendencias actuales y futuras del marketing digital permite a la empresa no solo seguir el ritmo del mercado, sino también innovar y liderar en sus enfoques.

Ventajas y Desventajas de Tener un Equipo de Analítica o Contratar un Despacho de Analítica para PYMES

En la era de la economía digital, la analítica de datos se ha consolidado como una herramienta clave para las empresas que buscan optimizar operaciones, entender mejor a sus clientes y potenciar su competitividad. Las PYMES enfrentan la decisión crítica de desarrollar un equipo interno de analítica o contratar los servicios de un despacho especializado en analítica de datos. Ambas opciones presentan ventajas y desventajas significativas que deben ser consideradas cuidadosamente.

Ventajas de Tener un Equipo Interno de Analítica

Integración y Contextualización

Un equipo interno ofrece una comprensión profunda de los desafíos y necesidades específicas de la empresa. Esta proximidad asegura que las soluciones y análisis sean altamente personalizados y estrechamente alineados con la estrategia y operaciones de la empresa.

Control Total y Seguridad de los Datos:

Operar la analítica internamente permite a la PYME mantener un control completo sobre sus datos y procesos. Esto es crucial para la seguridad de la información y la protección de datos sensibles, aspectos cada vez más importantes en la era digital.

Desarrollo de Capacidades Propias:

Construir un equipo de analítica facilita el desarrollo y retención de conocimientos especializados dentro de la empresa. Esto no solo fomenta la innovación continua, sino que también fortalece la adaptabilidad a largo plazo.

Comunicación y Colaboración:

Tener un equipo interno mejora la comunicación y colaboración directa entre distintos departamentos. Esto permite integrar la analítica más fluidamente en las operaciones diarias, optimizando la toma de decisiones en tiempo real.

Desventajas de Tener un Equipo Interno de Analítica

Costo Inicial Alto:

El establecimiento de un equipo de analítica requiere una inversión significativa en reclutamiento, tecnología avanzada y formación continua. Para muchas PYMES, este desembolso inicial puede resultar prohibitivo.

Mantenimiento y Actualización Constante:

La analítica de datos es un campo en constante evolución. Mantener un equipo interno supone un costo continuo no solo en formación y desarrollo profesional, sino también en actualización tecnológica.

Limitaciones en Habilidades y Experiencia:

Un equipo interno puede no poseer todas las habilidades necesarias para abarcar todas las áreas de la analítica de datos. Esta limitación puede restringir la profundidad y el alcance de los análisis realizados.

Ventajas de Contratar un Despacho de Analítica

Acceso a Expertos y Tecnologías Avanzadas:

Contratar un despacho especializado proporciona acceso inmediato a expertos con un amplio rango de habilidades analíticas y a las últimas tecnologías, sin la necesidad de una inversión inicial grande.

Flexibilidad y Escalabilidad:

Los servicios de un despacho pueden escalarse según las necesidades de la empresa, ofreciendo flexibilidad para expandir o reducir esfuerzos según las demandas del negocio y las condiciones del mercado.

Costo-Efectividad:

A largo plazo, puede ser más coste-efectivo contratar un despacho que mantener un equipo interno, especialmente cuando los proyectos de analítica son esporádicos o no justifican una inversión permanente en personal y tecnología.

Desventajas de Contratar un Despacho de Analítica

Menor Control y Personalización:

Depender de un despacho puede significar menos control sobre los procesos analíticos y una personalización menos específica comparada con un equipo interno que entiende íntimamente la cultura y estrategia de la empresa.

Seguridad de los Datos:

Al externalizar la analítica, la empresa debe confiar en que el despacho maneje sus datos de manera segura y conforme a las regulaciones de protección de datos, lo cual puede representar un riesgo si no se elige un proveedor confiable.

Integración de Resultados:

Puede haber desafíos en la integración de los resultados analíticos en las operaciones diarias de la empresa, especialmente si hay una desconexión entre los analistas externos y los equipos internos de la empresa.

La integración de estos sistemas no solo permite a las pequeñas y medianas empresas optimizar sus recursos, sino que también facilita la identificación de nuevas oportunidades de negocio y la mejora en la toma de decisiones.

Con un enfoque adecuado en la recopilación de datos eficaz, el análisis avanzado, y la capacitación continua, estas herramientas pueden transformarse en pilares fundamentales para el crecimiento sostenido y la competitividad en el largo plazo.

Sin embargo, las PYMES enfrentan decisiones críticas sobre si desarrollar capacidades internas de analítica o externalizar estos servicios. Cada opción presenta sus propias ventajas y desafíos, desde el control y personalización hasta la flexibilidad y coste-efectividad. La elección adecuada dependerá de las necesidades específicas de la empresa, su contexto operativo y su capacidad para invertir en tecnología y formación.

Capítulo V

Aplicaciones Prácticas de la Ciencia de Datos y la Inteligencia Artificial para las PYMES

El uso de tecnologías avanzadas ya no es exclusivo de grandes corporaciones o entidades gubernamentales. Hoy en día, una creciente cantidad de pequeñas y medianas empresas están integrando inteligencia artificial y ciencia de datos en sus operaciones. Un estudio reciente revela que más del 50% de estas empresas están explorando o ya han implementado soluciones basadas en IA, buscando aumentar su eficiencia operativa y reforzar su posición en el mercado.

Cómo científica de datos, he observado esta tendencia de cerca. Cada vez más, empresas medianas acuden en busca de estudios para optimizar su logística o determinar el lugar óptimo para abrir nuevas sucursales. Las startups, en particular, son las más proclives a adoptar estas tecnologías.

Este incremento en la adopción es un testimonio del impacto transformador de estas tecnologías, que trascienden la simple optimización de procesos para abrir nuevas oportunidades de negocio. Imagina una pequeña empresa compitiendo de igual a igual con los gigantes del mercado gracias al uso estratégico de tecnologías punteras. Lo que antes parecía un sueño distante, ahora es una realidad para muchas PYMES, gracias a que la IA y la ciencia de datos se han convertido en herramientas accesibles y versátiles que permiten innovar y prosperar en un mercado altamente competitivo.

En este capítulo, exploraremos cómo las PYMES pueden aprovechar al máximo estas tecnologías para revolucionar su gestión y estrategia empresarial. Aunque solemos escuchar sobre gigantes como Amazon y Coca-Cola y su uso de la inteligencia artificial para refinar operaciones y tácticas de marketing, es crucial entender que estas tecnologías están al alcance de las pequeñas y medianas empresas.

Ejemplos de PYMES utilizando tecnologías avanzadas:

Optimización de la Cadena de Suministro en PYMES: En Querétaro, una pequeña empresa manufacturera ha empezado a utilizar algoritmos de IA para perfeccionar su cadena de suministro. Los resultados han sido tiempos de entrega más cortos y una reducción significativa del inventario sobrante, mejorando no solo su eficiencia operativa sino también la satisfacción del cliente gracias a entregas más rápidas y fiables.

Personalización del Servicio al Cliente en el Comercio Minorista: En Tuxtla, una agencia de viajes ha implementado análisis de datos para ofrecer recomendaciones personalizadas a sus clientes en línea. Al utilizar el historial de compras y las preferencias indicadas durante las interacciones con su chatbot, la agencia logra proponer servicios que probablemente interesen a sus clientes. Esto ha incrementado sus ventas de manera significativa y ha liberado a su equipo de ventas para que se enfoque en tareas más estratégicas.

Mejora de la Experiencia del Cliente en el Sector Servicios: En Brasil, un pequeño proveedor de servicios de internet utiliza herramientas de análisis de sentimiento para monitorear y evaluar los comentarios de los clientes en redes sociales y otros foros en línea. Esta estrategia les permite ajustar sus servicios de manera rápida y efectiva, abordando preocupaciones y mejorando su reputación y fidelización.

Estos casos demuestran que el uso de IA y ciencia de datos no es un privilegio exclusivo de las grandes corporaciones. Las PYMES, equipadas con las herramientas adecuadas y una estrategia bien definida, pueden lograr mejoras significativas en varios aspectos de su negocio.

5 formas en las que las PYMES pueden capitalizar estas tecnologías para transformar su operativa y estrategia empresarial:

Automatización del Servicio al Cliente:

En un mundo donde la atención al cliente es una prioridad, las PYMES pueden implementar chatbots inteligentes para responder a las preguntas frecuentes de sus clientes de manera rápida y eficiente. Un ejemplo que me llama la atención es el de la empresa de servicios financieros Lemonade, que utiliza chatbots impulsados por IA para gestionar reclamos y procesos de solicitud de pólizas de seguros de manera ágil y efectiva, liberando así a su equipo humano para tareas más estratégicas.

Gestión de Inventarios y Logística Inteligente:

La optimización de inventarios y la gestión logística son áreas críticas para las PYMES. Mediante el uso de algoritmos de IA, empresas como la cadena de supermercados británica Ocado han logrado predecir la demanda de productos con una precisión sin que simplemente no se veía antes, reduciendo así los costos asociados con el exceso de inventario y las pérdidas por falta de stock

Análisis de Sentimiento en Redes Sociales:

Las redes sociales son un campo de batalla crucial para la percepción de la marca. Empresas como Coca-Cola han utilizado herramientas de análisis de sentimientos basadas en IA para monitorear y analizar automáticamente las menciones de su marca en las redes sociales, identificando así tendencias y oportunidades de mejora en su estrategia de marketing y comunicación. Para quienes venimos del mercado, esto hace apenas unos años era un sueño.

Análisis de Datos para Decisiones Estratégicas:

En un panorama inundado de datos, la capacidad de extraer información significativa y tomar decisiones informadas es fundamental para el éxito empresarial. Ejemplos como el de Amazon, que utiliza algoritmos de IA para analizar el comportamiento de compra de sus clientes y recomendar productos de manera personalizada, ilustran cómo las PYMES pueden utilizar herramientas similares para optimizar sus estrategias de ventas y marketing.

Marketing Personalizado y Segmentación del Mercado:

La segmentación del mercado y la personalización de las estrategias de marketing son clave para captar y retener clientes. Un ejemplo inspirador es el de la empresa de streaming de música Spotify, que utiliza algoritmos de IA para analizar los hábitos de escucha de sus usuarios y ofrecer recomendaciones de música personalizadas, aumentando así la satisfacción del cliente y la retención de usuarios. Otra que la mayoría hemos tenido por nuestra cuenta son los anuncios de Meta o Google.

La adopción de tecnologías como la IA y la ciencia de datos puede parecer intimidante para las PYMES, la realidad es que estas herramientas tienen un potencial interesante que puede nivelar el campo de juego empresarial y abrir nuevas oportunidades de crecimiento y éxito. Al aprovechar estas tecnologías de manera inteligente y estratégica, las PYMES pueden alcanzar nuevos horizontes y prosperar en un mundo cada vez más digitalizado y competitivo

Ahora hagamos un ejercicio, como aplicar estas tecnologías en el contexto de no ser un monstruo en el mercado, si no una empresa mediana, lo hagamos con 3 empresas, una gasera, un hotel y un concesionario de autos, estos son teóricos, pero podemos darnos cuenta del potencial.

Distribuidora de cilindros de gas LP "GasExpress":

GasExpress es una distribuidora local de cilindros de gas LP que busca mejorar la eficiencia en sus operaciones y la satisfacción del cliente. Para lograrlo, implementa una serie de soluciones basadas en inteligencia artificial y ciencia de datos:

Automatización del Servicio al Cliente:

GasExpress implementa un chatbot inteligente en su sitio web y aplicaciones móviles para gestionar consultas y pedidos de clientes las 24 horas del día. Este chatbot puede responder preguntas frecuentes, programar entregas y enviar recordatorios de mantenimiento, mejorando la experiencia del cliente y liberando al personal para tareas más estratégicas (nuevamente vemos esto)

Gestión de Inventarios y Logística Inteligente:

Utilizando algoritmos de inteligencia artificial, GasExpress analiza datos históricos de pedidos, patrones de consumo y condiciones climáticas para prever la demanda de cilindros de gas en diferentes áreas y momentos del año. Esto le permite optimizar la distribución de sus productos y reducir los costos asociados con el exceso de inventario o la escasez de productos.

GasExpress es el ejemplo del uso de la automatización en el servicio al cliente y la gestión inteligente de inventarios y logística. Al implementar chatbots que operan las 24 horas, GasExpress no solo eleva la calidad del servicio al cliente proporcionando respuestas rápidas y personalizadas, sino que también permite que su equipo se concentre en tareas más estratégicas. Además, el uso de algoritmos de IA para predecir la demanda basándose en datos históricos y condiciones climáticas optimiza su distribución y manejo de inventarios, lo que se traduce en una reducción de costos y una mejora en la entrega de servicios.

Hotel Boutique "Sunset Paradise"

Sunset Paradise es un hotel boutique ubicado en una ciudad turística costera que busca aumentar la ocupación y mejorar la experiencia del cliente. Para lograrlo, implementa soluciones de inteligencia artificial y ciencia de datos:

Análisis de Sentimiento en Redes Sociales:

Sunset Paradise utiliza herramientas de análisis de sentimientos para monitorear y analizar automáticamente las menciones de su marca en las redes sociales. Esto le permite comprender la percepción del cliente sobre sus servicios y detectar tendencias emergentes, comentarios positivos y áreas de mejora en su estrategia de marketing y servicio al cliente.

Análisis de Datos para Decisiones Estratégicas:

El hotel utiliza algoritmos de inteligencia artificial para analizar datos de reservas, cancelaciones y preferencias de los huéspedes. Esto le permite identificar patrones de comportamiento, segmentar a su audiencia y personalizar ofertas y promociones para maximizar la ocupación y mejorar la satisfacción del cliente.

Sunset Paradise demuestra cómo se pueden emplear el análisis de sentimiento en redes sociales y el análisis de datos para decisiones estratégicas para mejorar la percepción de marca y personalizar el servicio. Al monitorear las menciones de su marca en redes, el hotel puede afinar su marketing y servicio al cliente basándose en las necesidades y percepciones reales de los huéspedes.

Concesionaria de Autos Usados "Carros Chidos":

Carros Chidos es una concesionaria de autos usados que busca aumentar las ventas y mejorar la experiencia del cliente. Para lograrlo, implementa soluciones de inteligencia artificial y ciencia de datos:

Marketing Personalizado y Segmentación del Mercado:

Carros Chidos utiliza algoritmos de inteligencia artificial para analizar datos de clientes, como historiales de compra, preferencias de marca y presupuestos. Con esta información, la concesionaria puede ofrecer recomendaciones de vehículos personalizadas y estrategias de marketing dirigidas a grupos específicos de clientes, aumentando así las tasas de conversión y la satisfacción del cliente.

Carros Chidos resalta el beneficio de marketing personalizado y la segmentación de mercado, además a la hora de comprar autos, puede saber cuáles son los que tienen más posibilidad de venderse rápido. A través del análisis de datos de clientes, incluyendo historiales de compra y preferencias, logran generar recomendaciones de vehículos altamente personalizadas y estrategias de marketing dirigidas, lo que aumenta la satisfacción del cliente y las tasas de conversión.

Cada uno de estos ejemplos no solo aborda desafíos particulares mediante el uso inteligente de la IA y la ciencia de datos, sino que también destaca cómo las PYMES pueden adaptar estas tecnologías avanzadas a sus necesidades específicas para lograr resultados tangibles y fortalecer su posición en el mercado.

Ejercicio de Reflexión: Incorporando IA y Ciencia de Datos en Tu Negocio

Este ejercicio te guiará para descubrir cómo la inteligencia artificial y la ciencia de datos podrían integrarse en tu propia PYME. Acompáñame a través de estos sencillos pasos para bosquejar un plan que explore cómo estas tecnologías pueden potenciar tu empresa:

1. Identificación de Necesidades y Desafíos:

Piensa en tres grandes desafíos que enfrenta tu negocio actualmente. Pueden ser desde mejorar la gestión de inventario hasta elevar la satisfacción del cliente o incrementar la eficiencia operativa. Anótalos.

2. Selección de Tecnologías:

Para cada desafío que has identificado, elige una tecnología de IA o herramienta de análisis de datos que podría ser de ayuda. Por ejemplo, podrías pensar en chatbots para mejorar la atención al cliente o en algoritmos predictivos para optimizar el inventario.

3. Desarrollo de un Plan de Implementación Teórico:

Imagina cómo implementarías cada tecnología seleccionada. Considera los recursos que necesitarías, como software especializado, expertos en datos o capacitación para tu equipo. Reflexiona sobre cómo cada tecnología mejoraría aspectos específicos de tu negocio y cómo medirías su éxito.

4. Reflexión sobre Viabilidad:

Evalúa si es práctico implementar estas tecnologías. Piensa en los costos, los beneficios esperados y cualquier obstáculo que podrías enfrentar. Decide si necesitarías asistencia externa, como consultoría o software existente, y considera la inversión inicial requerida.

5. Creación de un Cronograma Preliminar:

Diseña un plan de acción temporal para la implementación de cada tecnología. Establece fases clave y asigna tiempos para la investigación, adquisición, implementación y evaluación.

6. Discusión y Consulta:

Si tienes la oportunidad, comparte tu plan con un verdadero experto en tecnología enfocado en estrategia digital para obtener su opinión y asegurarte de que tu enfoque es realista y sólido.

Realizar este ejercicio no solo te ayudará a visualizar la aplicación concreta de la IA y la ciencia de datos en tu negocio, sino que también te proporcionará un marco práctico para empezar a explorar estas tecnologías de manera efectiva.

Capítulo VI

Estrategias Empresariales para PYMES: El Papel del Factor Humano

Las pequeñas y medianas empresas son el esqueleto de la economía mundial, representando más del 90% de todas las empresas y empleando a una gran parte de la fuerza laboral global. Estas organizaciones están inmersas en un ambiente altamente competitivo y cambiante, donde no sólo las estrategias tecnológicas y financieras son cruciales, sino también la integración eficaz del factor humano. Este artículo examina cómo las PYMES pueden armonizar sus recursos humanos con tecnologías avanzadas para forjar una ventaja competitiva sostenible.

1. El Factor Humano como Piedra Angular de la Estrategia Empresarial

La eficacia de las PYMES no solo depende de su capacidad para implementar nuevas tecnologías o estrategias financieras avanzadas; el verdadero cambio y adaptación provienen de su gente. Integrar eficazmente el talento humano significa alinear las habilidades y capacidades del equipo con la misión y objetivos estratégicos de la empresa. Un enfoque en el desarrollo del personal, la gestión del cambio y la cultura organizacional puede ser más decisivo para el éxito a largo plazo que la mera adquisición de nuevas herramientas tecnológicas.

2. Fomento de una Cultura de Innovación

Innovar no es solo inventar. Significa crear un entorno donde las nuevas ideas son bienvenidas y donde el riesgo y el fracaso son vistos como parte del proceso de aprendizaje. Una cultura de innovación implica apertura, diversidad y un fuerte apoyo a la creatividad a todos los niveles de la organización. Ejemplos destacados incluyen empresas como IDEO y Tesla, donde la innovación está en el corazón de la empresa, impulsando el crecimiento y la adaptación continua.

3. Optimización de Recursos

La eficiencia en el uso de recursos es una de las piedras angulares para la sostenibilidad de las PYMES. La gestión de recursos va más allá de la reducción de costos; se trata de optimizar el tiempo y las habilidades del personal, así como de los recursos materiales y financieros. La implementación de metodologías ágiles, software de gestión de proyectos y herramientas de planificación de recursos puede incrementar significativamente la productividad y reducir desperdicios.

4. Expansión de Redes Comerciales

El networking efectivo puede transformar el panorama de una PYME, abriendo puertas a nuevas oportunidades de mercado, colaboraciones estratégicas y acceso a recursos antes inalcanzables. Participar activamente en cámaras de comercio, asociaciones industriales y conferencias puede proporcionar una ventaja competitiva considerable, facilitando la integración en nuevos mercados y fomentando relaciones empresariales duraderas.

5. Enfoque en la Experiencia del Cliente

Este es un mercado donde los clientes tienen innumerables opciones, la experiencia que ofrece una empresa puede ser un diferenciador clave. Comprender las necesidades y expectativas de los clientes y diseñar productos o servicios que no solo las cumplan sino que las superen, puede resultar en una lealtad significativa y sostenible del cliente, incluso que compensa las debilidades del producto. Empresas como Apple y Amazon han demostrado el poder de centrarse en el cliente para lograr un éxito extraordinario.

6. Adaptación a la Movilidad

La movilidad ha cambiado las reglas del juego en el mundo empresarial. Las PYMES que ofrecen soluciones móviles accesibles tanto para clientes como para empleados pueden disfrutar de mayor flexibilidad y capacidad de respuesta. Esto no solo mejora la experiencia del cliente, sino que también facilita un entorno de trabajo más adaptable y eficiente para el equipo.

7. Formación y Desarrollo Continuo

La formación continua y el desarrollo profesional no solo son beneficiosos para los empleados, sino que son esenciales para mantener la competitividad de una empresa en una economía que cambia rápidamente. Las PYMES que invierten en educar y desarrollar a su fuerza laboral pueden anticipar y responder mejor a los desafíos emergentes, asegurando que el negocio no solo sobreviva sino que prospere.

8. Sostenibilidad y Responsabilidad Social

Adoptar prácticas sostenibles y éticamente responsables puede mejorar significativamente la imagen pública de una PYME. Desde políticas ecológicas hasta iniciativas de apoyo comunitario, estas prácticas no solo atraen a consumidores conscientes, sino que también establecen a la empresa como un participante responsable y respetado en la comunidad global.

9. Integración Tecnológica y Desafíos Empresariales

Mientras que la tecnología puede ofrecer numerosas ventajas, su integración debe considerar cómo complementa y mejora las capacidades del equipo humano. La adopción reflexiva de la tecnología puede mejorar la eficiencia, aumentar la capacidad de análisis y facilitar la toma de decisiones, pero debe ser administrada de manera que fortalezca, y no margine, el factor humano en la empresa.

El éxito de las PYMES en el competitivo mercado actual depende en gran medida de cómo estas organizaciones valoran y utilizan su recurso más valioso: su gente. Al integrar efectivamente el talento humano con estrategias tecnológicas y financieras avanzadas, las PYMES no solo pueden sobrevivir sino prosperar. El equilibrio entre la innovación tecnológica y el enfoque en el factor humano es crucial para construir una ventaja competitiva sostenible.

10. Consejos para una Estrategia Digital Efectiva

En el contexto de la transformación digital, las PYMES enfrentan el desafío de integrar nuevas tecnologías de manera que complementen y potencien sus operaciones sin sobrecargar sus recursos. Aquí se presentan algunos consejos esenciales para desarrollar una estrategia digital efectiva:

Evaluación Completa

Antes de adoptar nuevas tecnologías, es crucial realizar una auditoría de las herramientas y sistemas existentes. Esta evaluación permite identificar redundancias, lagunas y oportunidades de mejora, asegurando que las inversiones tecnológicas sean realmente necesarias y adecuadas para las necesidades específicas de la empresa.

Objetivos Claros y Medibles

Definir objetivos claros y medibles es fundamental para cualquier estrategia digital. Ya sea que se trate de mejorar la eficiencia operativa, la experiencia del cliente o los márgenes de ganancia, establecer indicadores de desempeño específicos ayuda a mantener el rumbo y evaluar el progreso de manera objetiva.

Flexibilidad y Escalabilidad

La tecnología evoluciona a un ritmo acelerado, por lo que es vital que las infraestructuras tecnológicas sean flexibles y escalables. Esto permite a las PYMES adaptarse rápidamente a los cambios del mercado sin grandes interrupciones en sus operaciones.

Eficiencia y Costo-Efectividad

Dada la naturaleza de los presupuestos ajustados en las PYMES, seleccionar tecnologías que ofrezcan un retorno significativo de la inversión es crucial. Esto no solo implica considerar el costo inicial, sino también los beneficios a largo plazo en términos de liberación y optimización de recursos.

Maximización de la Eficiencia con Tecnología Asequible

Software de Código Abierto: Utilizar software de código abierto puede reducir costos significativamente, además de ofrecer acceso a actualizaciones y soporte de una comunidad activa.

Servicios Basados en la Nube:

Las soluciones en la nube proporcionan escalabilidad y flexibilidad, permitiendo a las PYMES acceder a tecnología avanzada sin grandes inversiones en hardware.

Automatización de Tareas de Bajo Valor:

Implementar herramientas que automatizan tareas repetitivas permite al personal concentrarse en actividades que agregan mayor valor al negocio.

Automatización Estratégica:

La automatización debe enfocarse en procesos clave que son repetitivos y propensos a errores, como la entrada de datos y la gestión de inventarios. Además, personalizar las soluciones de automatización según las necesidades del sector y asegurar una integración fluida con los sistemas existentes son pasos cruciales para una automatización exitosa. Paralelamente, invertir en herramientas adecuadas de análisis de datos y capacitar al personal en su uso puede transformar la manera en que las PYMES toman decisiones, basándose en un entendimiento profundo y analítico de sus operaciones y del mercado.

11. Seguridad de Datos: Proteger tu Activo Más Valioso

En la era digital, la seguridad de los datos es más crucial que nunca. Implementar políticas robustas y tecnologías avanzadas para proteger los datos es indispensable. La formación continua en ciberseguridad para todos los empleados y el establecimiento de protocolos de respuesta ante incidentes son fundamentales para mantener la integridad y la confianza en las operaciones empresariales.

El equilibrio entre la adopción tecnológica y el factor humano es esencial para el éxito de las PYMES en el entorno empresarial moderno. Una estrategia digital bien pensada y ejecutada puede permitir a las PYMES no solo sobrevivir sino prosperar en un mercado competitivo. Al integrar estos elementos tecnológicos de manera efectiva y alinearlos con una gestión de recursos humanos centrada en la innovación y el desarrollo, las PYMES pueden establecer una base sólida para el crecimiento sostenible y la competitividad a largo plazo.

En el panorama empresarial moderno, las pequeñas y medianas empresas se enfrentan a la constante presión de evolucionar y adaptarse a un entorno tecnológicamente avanzado. Sin embargo, en su intento de navegar por estas aguas a menudo turbulentas, algunas PYMES caen en estrategias que, lejos de propulsarlas hacia el éxito, las encaminan hacia el fracaso. Este artículo explora dos de las estrategias erróneas más comunes que las PYMES pueden adoptar: la inacción ante la evolución tecnológica y la sobre dependencia de la tecnología, subestimando el valor del factor humano.

Los dos Grandes Errores:

A. La Parálisis por Análisis: No Hacer Nada

Optar por la inacción frente a la evolución tecnológica es una decisión que muchas PYMES podrían considerar segura a corto plazo, pero que a largo plazo puede ser devastadora. Este enfoque conservador a menudo surge del temor a los costos elevados y a la complejidad de implementar nuevas tecnologías, llevando a las empresas a un estado de complacencia que las deja vulnerables a varios riesgos significativos.

Decisiones Ciegas y Procesos Lentos

La falta de tecnologías avanzadas como la inteligencia artificial (IA) limita severamente la capacidad de una empresa para procesar y analizar grandes volúmenes de datos. Esto resulta en una toma de decisiones más lenta y menos informada, con una capacidad reducida para responder rápidamente a las tendencias del mercado y las necesidades de los clientes. En un mundo donde la velocidad y la precisión en la toma de decisiones pueden marcar la diferencia entre el éxito y el fracaso, la inacción puede ser costosa.

Aumento de la Rotación de Personal

La innovación no solo atrae clientes, sino también talento. Los profesionales, especialmente en campos técnicos, buscan empleadores que les ofrezcan la oportunidad de trabajar con las últimas tecnologías. Las PYMES que ignoran esta evolución se arriesgan a perder su mejor talento, que optará por oportunidades donde puedan maximizar su potencial de desarrollo y contribución.

Pérdida de Competitividad

La inercia tecnológica lleva a una disminución en la competitividad. Sin la capacidad para innovar o mejorar la eficiencia operativa, las PYMES no solo fallan en satisfacer las expectativas de los clientes, sino que también se vuelven incapaces de competir en un mercado cada vez más dominado por aquellos que sí adoptan soluciones tecnológicas avanzadas.

B. Automatización Sin Humanización: Subestimar el Valor Humano

Al otro extremo del espectro se encuentra la estrategia de adoptar tecnología de manera indiscriminada, minimizando la importancia del toque humano dentro de la empresa. Esta aproximación puede ser igualmente perjudicial, especialmente cuando la tecnología se implementa a expensas de las conexiones humanas y la flexibilidad organizativa.

Desconexión con los Clientes

La implementación excesiva de IA y otras tecnologías en la interacción con el cliente puede llevar a experiencias que se perciben como frías o impersonales. En sectores donde el servicio personalizado es crucial, esto puede erosionar la lealtad del cliente, afectando la reputación y la rentabilidad de la empresa.

Implicaciones Éticas y Rechazo Organizacional

Un enfoque desproporcionado en la tecnología puede también traer consigo problemas éticos, particularmente relacionados con el empleo y la responsabilidad moral de las decisiones automatizadas. Además, la implementación de tecnologías que amenacen los puestos de trabajo puede provocar resistencia al cambio, disminuyendo la moral y la productividad del personal existente.

Limitación de la Innovación

Aunque parezca contradictorio, una dependencia excesiva en sistemas automatizados puede restringir la innovación. La creatividad y la capacidad de pensar "fuera de la caja" son atributos humanos que la tecnología por sí sola no puede replicar. Las empresas que no mantienen un equilibrio entre tecnología y creatividad humana a menudo se encuentran atrapadas en rutinas operativas que limitan su capacidad de adaptarse a nuevos desafíos del mercado.

Las PYMES que desean prosperar en un entorno empresarial cada vez más digitalizado deben evitar los extremos de hacer demasiado poco o demasiado en términos de adopción tecnológica. El equilibrio entre la incorporación inteligente de nuevas tecnologías y la preservación del valor insustituible del factor humano es crucial. Las empresas más exitosas serán aquellas que no solo utilicen la tecnología para mejorar la eficiencia, sino que también fomenten un entorno de trabajo donde la tecnología y las personas trabajen juntas para crear soluciones innovadoras y sostenibles. Este enfoque equilibrado no solo mejora la competitividad, sino que también construye una empresa resiliente capaz de enfrentar los desafíos futuros.

C. La Falta de Profesionalismo: Tomar las Cosas a la Ligera

Una trampa común en la que caen muchas PYMES es la falta de profesionalismo en la implementación de nuevas tecnologías y estrategias de gestión. Esto se manifiesta a menudo en la tentación de cortar costos a corto plazo, optando por soluciones improvisadas o confiando en personal no cualificado para tareas que requieren habilidades especializadas. Este enfoque no solo es riesgoso sino que puede llevar a fallos significativos que comprometen la integridad y la sostenibilidad de la empresa.

Riesgos de No Contratar Profesionales

La decisión de no invertir en talento profesional puede tener consecuencias devastadoras para una PYME. A continuación, se describen algunos de los riesgos más significativos asociados con esta estrategia:

Implementación Deficiente de Tecnología

Cuando las PYMES optan por soluciones baratas o confían en personal interno no capacitado para implementar tecnologías complejas, a menudo terminan con sistemas mal configurados que no cumplen con las necesidades del negocio. Esto no solo resulta en una pérdida de inversión, sino que también puede llevar a fallos operativos que afectan la productividad y la eficiencia general de la empresa.

Falta de Conocimientos Especializados

La tecnología avanzada y las estrategias de mercado modernas requieren un conocimiento especializado que no puede ser improvisado. Sin el adecuado entendimiento técnico, las PYMES pueden implementar soluciones que son inadecuadas u obsoletas, sin la capacidad de adaptarse a los cambios rápidos del mercado. La falta de expertís profesional puede también resultar en la incapacidad para prever y mitigar riesgos potenciales.

Costos a Largo Plazo

Aunque la contratación de profesionales puede parecer costosa, el no hacerlo puede resultar en mayores gastos a largo plazo. Los errores cometidos por falta de profesionalismo pueden ser extremadamente costosos de rectificar y pueden causar daños irreparables a la reputación de la empresa. La rectificación de errores de sistemas mal implementados, por ejemplo, no solo es costosa, sino que también consume tiempo y recursos que podrían haberse utilizado en otras áreas de desarrollo empresarial.

Problemas Legales y de Cumplimiento

En muchas industrias, hay regulaciones estrictas que gobiernan el uso de tecnología y la protección de datos personales. La falta de profesionalismo en la gestión de estos aspectos puede llevar a violaciones de la ley, resultando en multas severas y problemas legales. Además, las empresas pueden enfrentarse a serias consecuencias si fallan en proteger adecuadamente la información del cliente debido a implementaciones tecnológicas inadecuadas o inseguras.

Adoptar un enfoque profesional y considerado es esencial para las PYMES que buscan implementar nuevas tecnologías y estrategias empresariales. La inversión en profesionales cualificados y en soluciones tecnológicas robustas no solo asegura la eficiencia y la seguridad de las operaciones empresariales, sino que también establece una base sólida para el crecimiento y la competitividad sostenibles. Evitar las trampas de la inacción, la sobre dependencia de la tecnología sin un enfoque humano, y la falta de profesionalismo son pasos críticos hacia el éxito en el dinámico mercado actual. Las empresas que reconocen y actúan en consecuencia con estos principios están mejor equipadas para enfrentar los desafíos del futuro y aprovechar las oportunidades en un mundo cada vez más digitalizado y competitivo.

Capítulo VII

Adopción de IA en las PYMES: Retos y Oportunidades

La inteligencia artificial se ha convertido en una mezcla fascinante de tecnologías que intentan imitar habilidades humanas cruciales, como aprender, razonar y autocorregirse. Pero cuando hablamos de IA, no solo estamos hablando de robots futuristas o programas de computadora avanzados. Se trata de un conjunto de herramientas que pueden hacer cosas asombrosas, desde entender lo que decimos hasta predecir lo que podríamos querer comprar a continuación.

En el mundo de los negocios, especialmente en el de las pequeñas y medianas empresas, la IA tiene el potencial de cambiar radicalmente la forma en que se gestionan las operaciones, los productos y los servicios. Imagina una frutería que, gracias a la IA, puede recomendar productos a sus clientes basándose en sus compras anteriores o dándoles ideas de recetas con sus productos, o una empresa de servicios que utiliza chatbots para atender consultas de clientes a cualquier hora del día o de la noche. Estas son solo algunas de las formas en que la IA está haciendo que las PYMES sean más eficientes y competitivas.

Casi siempre, la IA se asocia con grandes corporaciones y presupuestos enormes. Sin embargo, hoy en día, muchas herramientas de IA están disponibles y son accesibles para las PYMES. Tomemos, por ejemplo, los chatbots. No hace mucho, solo las empresas más grandes podían permitirse el lujo de tener sistemas avanzados de atención al cliente. Pero ahora, gracias a soluciones más económicas y fáciles de implementar, incluso las empresas más pequeñas pueden ofrecer un servicio de atención al cliente que parece funcionar las 24 horas del día, los 7 días de la semana.

Otro ejemplo son los sistemas de recomendación. Estas herramientas, que alguna vez fueron dominio exclusivo de gigantes como Amazon o Netflix, ahora están al alcance de cualquier negocio con una tienda en línea. Esto significa que una tienda pequeña puede sugerir productos a sus clientes de manera personalizada, basándose en sus preferencias y comportamientos de compra, algo que puede incrementar las ventas y mejorar la satisfacción del cliente.

El análisis predictivo es otra área donde la IA está haciendo maravillas. Antes, solo las grandes empresas con departamentos enteros dedicados a la analítica podían utilizar datos para predecir tendencias y comportamientos futuros. Ahora, incluso las PYMES pueden usar herramientas de análisis predictivo para tomar decisiones informadas. Esto puede significar cualquier cosa, desde prever la demanda de ciertos productos en diferentes épocas del año hasta identificar qué estrategias de marketing serán más efectivas.

Es emocionante pensar en todas las posibilidades que la IA abre para las PYMES. Con la tecnología adecuada, estas empresas pueden competir con jugadores mucho más grandes y ofrecer un nivel de servicio que antes parecía inalcanzable. Y no se trata solo de eficiencia; se trata de ofrecer experiencias personalizadas y excepcionales a los clientes.

Retos de la Implementación de IA en las PYMES

A pesar de las grandes oportunidades, las PYMES enfrentan varios retos significativos al intentar adoptar la IA. Aquí destacamos algunos de los más importantes:

Recursos y Financiamiento Limitados

Uno de los principales desafíos es el financiamiento. Las PYMES generalmente manejan presupuestos más ajustados, lo cual puede representar un gran desafío para la adquisición e implementación de tecnologías de IA avanzadas. De acuerdo con un informe de McKinsey, solo el 29% de las PYMES disponen de los recursos necesarios para adoptar la IA, en comparación con el 59% de las grandes empresas. Esto implica que muchas PYMES deben ser muy estratégicas en cómo y dónde invierten sus limitados recursos tecnológicos.

Escasez de Habilidades Técnicas

Otro gran reto es la falta de talento especializado en IA. La implementación efectiva de IA requiere conocimientos técnicos avanzados, y muchas PYMES no tienen el personal capacitado necesario. Un estudio de IBM indica que el 63% de las empresas a nivel mundial enfrentan dificultades para encontrar y retener expertos en esta área. Esta escasez de habilidades puede ralentizar la adopción de la IA y aumentar los costos de implementación, ya que las empresas pueden necesitar invertir en formación o contratación de personal altamente cualificado.

Integración de Sistemas

Muchas PYMES trabajan con sistemas antiguos que no están preparados para integrarse de manera sencilla con las nuevas tecnologías, lo cual puede requerir inversiones considerables en infraestructura de TI. La actualización de estos sistemas puede ser costosa y complicada, especialmente si la empresa no cuenta con un equipo de TI robusto. La falta de integración puede llevar a ineficiencias operativas y dificultar el aprovechamiento completo de las capacidades de la IA.

Retorno de Inversión Incierto

Calcular el retorno de inversión (ROI) de proyectos de IA puede ser complicado, especialmente cuando los beneficios son a largo plazo o incrementales. Esto podría disuadir a las PYMES de invertir en estas tecnologías sin tener garantías claras de éxito financiero. La incertidumbre en el ROI puede ser un obstáculo significativo, ya que las PYMES deben ser cuidadosas con sus inversiones y necesitan asegurarse de que cada gasto tenga un impacto positivo en sus resultados financieros.

Cambio Cultural y Resistencia al Cambio

La adopción de IA no es solo una cuestión tecnológica; también implica un cambio cultural dentro de la empresa. Los empleados pueden mostrar resistencia al cambio, especialmente si temen que la IA pueda reemplazar sus trabajos. Es esencial gestionar esta transición de manera efectiva, proporcionando capacitación adecuada y comunicando claramente los beneficios de la IA para todos los empleados.

Privacidad y Seguridad de los Datos

La implementación de IA a menudo implica el manejo de grandes volúmenes de datos, lo que puede plantear preocupaciones sobre la privacidad y la seguridad. Las PYMES deben asegurarse de que tienen las medidas adecuadas para proteger los datos de sus clientes y cumplir con las regulaciones de privacidad, lo que puede requerir inversiones adicionales en ciberseguridad.

Escalabilidad

Las PYMES deben considerar cómo la IA puede escalar con su negocio. Las soluciones que funcionan bien a pequeña escala pueden no ser efectivas cuando la empresa crece. Es importante seleccionar herramientas y tecnologías de IA que puedan adaptarse y crecer junto con la empresa para evitar problemas futuros.

La IA tiene un potencial increíble para transformar las operaciones y la competitividad de las PYMES. Los chatbots, los sistemas de recomendación y el análisis predictivo son solo algunas de las herramientas que pueden ayudar a estas empresas a mejorar su eficiencia operativa y a ofrecer una experiencia al cliente de primera clase. Sin embargo, la implementación de estas tecnologías no está exenta de desafíos. Las empresas deben superar barreras relacionadas con los recursos financieros, la escasez de manos técnicas, la integración de sistemas viejitos y la incertidumbre en el retorno de inversión.

A pesar de estos retos, las PYMES que logren adoptar y aprovechar la IA de manera efectiva estarán mejor posicionadas para competir en el mercado y ofrecer servicios innovadores y personalizados a sus clientes. Por tanto, es crucial que las PYMES planifiquen cuidadosamente su estrategia de IA, inviertan en capacitación y adopten un enfoque flexible y adaptativo para superar los obstáculos en el camino. Con la preparación y el enfoque adecuado, la IA puede ser una herramienta poderosa para el crecimiento y la innovación en las PYMES.

Oportunidades y Beneficios de la IA para las PYMES

Eficiencia Operativa

Automatizar procesos repetitivos no solo libera a los empleados para que se concentren en tareas de mayor valor, sino que también reduce errores y mejora la logística. Un ejemplo claro es la implementación de sistemas automatizados de gestión de inventarios. Esto no solo ahorra tiempo, sino que también minimiza la posibilidad de errores humanos que pueden llevar a pérdidas significativas. Imaginemos una pequeña empresa de retail que antes debía gestionar su inventario manualmente; con la IA, puede seguir el flujo de productos en tiempo real y ajustar automáticamente los pedidos, asegurando que nunca haya exceso o falta de stock.

Este tipo de automatización también se puede aplicar a otros procesos, como la contabilidad y la facturación, permitiendo a los empleados dedicarse a tareas estratégicas que requieren más creatividad y juicio humano.

Innovación en Productos y Servicios

La IA permite a las PYMES ofrecer productos más personalizados y servicios innovadores, diferenciándolos de la competencia. Por ejemplo, una PYME podría incrementar sus ventas en un 30% tras implementar un sistema de recomendaciones personalizadas. Este tipo de tecnología analiza el comportamiento de los clientes y sus preferencias para sugerir productos que realmente les interesen. Además, la IA puede ayudar a las PYMES a innovar en sus servicios mediante el uso de análisis predictivo y aprendizaje automático.

Esto significa que las empresas pueden anticipar las necesidades y deseos de sus clientes antes de que estos los expresen, ofreciendo soluciones proactivas y mejorando así la satisfacción del cliente. Un pequeño hotel, por ejemplo, podría usar IA para personalizar la experiencia de cada huésped, recomendando actividades locales basadas en sus intereses previos.

Mejora de la Experiencia del Cliente

Herramientas como los chatbots permiten ofrecer un servicio al cliente 24/7, mejorando significativamente la satisfacción y fidelización de los clientes. Empresas como

Zalando han experimentado incrementos en la retención de clientes tras la implementación de estos sistemas. Los chatbots pueden manejar consultas frecuentes, resolver problemas básicos y redirigir cuestiones más complejas a personal humano, todo ello de manera rápida y eficiente. Esto no solo mejora la experiencia del cliente, sino que también reduce la carga de trabajo del equipo de atención al cliente. Además, la IA puede analizar las interacciones con los clientes para identificar patrones y áreas de mejora, proporcionando a las PYMES insights valiosos sobre cómo optimizar su servicio al cliente.

Decisiones Basadas en Datos

La capacidad para analizar grandes volúmenes de datos y extraer información valiosa puede mejorar considerablemente la toma de decisiones estratégicas. Las PYMES que implementan soluciones de análisis predictivo pueden anticiparse a las tendencias del mercado y ajustar sus estrategias de manera proactiva. Esto significa que pueden identificar oportunidades de crecimiento, optimizar precios y promociones, y mejorar la gestión de recursos. Por ejemplo, una pequeña empresa de fabricación puede usar análisis de datos para prever la demanda de productos y ajustar su producción en consecuencia, evitando tanto el exceso de inventario como la escasez de productos. La inteligencia artificial también puede ayudar a identificar áreas de ineficiencia dentro de la empresa, permitiendo a las PYMES mejorar continuamente sus operaciones y mantener una ventaja competitiva en el mercado.

Acceso a Nuevos Mercados

La inteligencia artificial puede ayudar a las PYMES a identificar y acceder a nuevos mercados que antes podrían haber sido inaccesibles. Mediante el análisis de datos de mercado, las PYMES pueden identificar tendencias emergentes y adaptar sus productos o servicios para satisfacer la demanda en estos nuevos mercados. Además, las herramientas de traducción automática y análisis de sentimiento pueden facilitar la entrada en mercados internacionales, permitiendo a las PYMES comunicar eficazmente su propuesta de valor a una audiencia global. Por ejemplo, una pequeña empresa de moda puede utilizar la IA para analizar las tendencias de moda en diferentes regiones y adaptar su línea de productos para atraer a consumidores de todo el mundo.

Optimización de Marketing Digital

Las PYMES pueden utilizar la inteligencia artificial para optimizar sus campañas de marketing digital. Las herramientas de IA pueden analizar el comportamiento de los usuarios en línea y segmentar audiencias de manera más efectiva, permitiendo a las empresas personalizar sus mensajes y aumentar la relevancia de sus anuncios. Esto no solo mejora la eficiencia de las campañas publicitarias, sino que también reduce los costos de adquisición de clientes. Por ejemplo, una pequeña tienda de comercio electrónico puede utilizar la IA para analizar los datos de los clientes y crear campañas de marketing específicas que atraigan a diferentes segmentos de su base de clientes, aumentando así las tasas de conversión y la fidelidad del cliente.

Desarrollo de Nuevas Capacidades

La adopción de la inteligencia artificial puede ayudar a las PYMES a desarrollar nuevas capacidades y competencias dentro de su organización. Esto puede incluir desde la capacitación de empleados en el uso de nuevas tecnologías hasta la creación de nuevos roles y departamentos dedicados a la innovación tecnológica. Al invertir en estas áreas, las PYMES pueden mantenerse a la vanguardia de la tecnología y asegurar su competitividad a largo plazo. Por ejemplo, una pequeña empresa de servicios financieros puede capacitar a su personal en el uso de herramientas de análisis predictivo para mejorar sus servicios de asesoramiento y ofrecer soluciones más personalizadas a sus clientes.

Mejora de la Seguridad

La inteligencia artificial también puede jugar un papel crucial en la mejora de la seguridad de las PYMES. Las herramientas de IA pueden detectar patrones inusuales en el comportamiento de los sistemas y alertar a las empresas sobre posibles amenazas de seguridad en tiempo real. Esto es especialmente importante para las PYMES, que a menudo no cuentan con los recursos para mantener un equipo de seguridad dedicado. Al utilizar la IA para monitorizar y proteger sus sistemas, las PYMES pueden reducir significativamente el riesgo de ciberataques y proteger los datos sensibles de sus clientes. Por ejemplo, una pequeña firma de abogados puede utilizar IA para monitorizar el acceso a sus archivos y detectar cualquier actividad sospechosa que podría indicar un intento de violación de datos.

Sostenibilidad y Responsabilidad Social

La inteligencia artificial puede ayudar a las PYMES a alcanzar sus objetivos de sostenibilidad y responsabilidad social. Mediante el análisis de datos, las empresas pueden identificar oportunidades para reducir su consumo de recursos y minimizar su impacto ambiental. Además, la IA puede ayudar a las PYMES a gestionar de manera más efectiva sus iniciativas de responsabilidad social, asegurando que sus esfuerzos tengan un impacto positivo y medible. Por ejemplo, una pequeña empresa de fabricación puede utilizar IA para optimizar sus procesos de producción, reduciendo el desperdicio y mejorando la eficiencia energética.

Acceso a Financiación

La IA también puede facilitar el acceso a financiación para las PYMES. Las plataformas de préstamos basadas en inteligencia artificial pueden analizar una gran cantidad de datos para evaluar el riesgo crediticio de una empresa de manera más precisa y rápida que los métodos tradicionales. Esto puede abrir nuevas oportunidades de financiación para las PYMES, especialmente aquellas que pueden no tener un historial crediticio extenso pero que muestran potencial de crecimiento. Por ejemplo, una startup tecnológica puede utilizar una plataforma de financiación basada en IA para obtener los fondos necesarios para desarrollar y lanzar un nuevo producto al mercado.

Estrategias para Superar los Desafíos

Acceso a Financiamiento:

Las PYMES pueden buscar subvenciones gubernamentales, incentivos fiscales o modelos de financiación flexible ofrecidos por proveedores de tecnología para aliviar el impacto inicial de los costos de implementación de la IA.

Capacitación y Asociaciones:

Invertir en capacitación interna o establecer alianzas con universidades y empresas tecnológicas puede proporcionar acceso a conocimientos y recursos especializados, lo cual es crucial para el desarrollo y mantenimiento de soluciones de IA.

Implementación Gradual:

Iniciar con proyectos piloto de IA que requieran inversiones mínimas puede permitir a las PYMES evaluar la efectividad de la tecnología y ajustar su estrategia de implementación conforme ganan confianza y capacidad.

Monitoreo Continuo:

Establecer indicadores clave de rendimiento específicos para las iniciativas de IA ayudará a las PYMES a medir el éxito y realizar ajustes oportunos para optimizar el rendimiento.

Optimización de Recursos y Herramientas Existentes:

Aprovechar plataformas de IA que ofrecen soluciones "plug-and-play" puede ser una opción rentable para las PYMES que desean integrar la IA sin necesidad de grandes inversiones iniciales o conocimientos especializados.

La integración de la IA en las PYMES presenta tanto retos como oportunidades significativas. Aunque los desafíos técnicos y financieros pueden parecer abrumadores, con las estrategias adecuadas y un enfoque gradual, las PYMES pueden facilitar una transición exitosa hacia la digitalización. Los beneficios potenciales, como la mejora en la eficiencia, la innovación en productos y servicios, y una toma de decisiones más informada, son incentivos poderosos para que las PYMES consideren seriamente la adopción de la IA en sus operaciones y se mantengan competitivas en la era digital además es importantísimo tomar en cuenta la manera en cómo afectarán a nuestro personal, seamos realistas, el capital humano es el más importante en una empresa.

Capítulo VIII

En materia de Personal

La integración adecuada de esta tecnología puede revolucionar la gestión del talento y la cultura organizacional, ofreciendo un cambio significativo en cómo se manejan los procesos internos, sin embargo no todo es color rosa.

La adopción de IA en Recursos Humanos brinda a las PYMES la oportunidad de liderar en la gestión de talento, la innovación y el desarrollo de una cultura organizacional robusta. Aunque los desafíos son notables, las estrategias adecuadas y un enfoque bien dirigido puede facilitar una transición exitosa que no solo mejore la eficiencia sino que también enriquezca profundamente la experiencia de todos los empleados involucrados.

EL CORAZÓN DE UNA EMPRESA ES EL CAPITAL HUMANO

Retos en Recursos Humanos

Cambio Cultural y Resistencia al Cambio:

La adopción de la IA en los procesos de RH puede enfrentarse con la resistencia tanto de empleados como de gestores. Este cambio cultural requiere una gestión del cambio efectiva, que incluya comunicación constante y asegure la participación activa de todos los niveles de la organización para facilitar la transición.

Privacidad y Ética de los Datos:

La implementación de IA trae consigo preocupaciones significativas sobre la privacidad y el uso ético de los datos personales de los empleados. Las PYMES deben comprometerse a cumplir con las regulaciones de protección de datos, como el GDPR en Europa, y gestionar la información personal de manera transparente y segura.

Desafíos en la Integración Tecnológica:

La integración de soluciones de IA con los sistemas de RH existentes puede ser compleja tanto técnicamente como financieramente, especialmente si los sistemas actuales son obsoletos o no están preparados para nuevas tecnologías.

Desarrollo de Habilidades y Capacitación:

Existe un déficit significativo de habilidades necesarias para operar y gestionar tecnologías de IA. Las PYMES deben priorizar la inversión en capacitación y desarrollo profesional para asegurar que sus equipos de RH estén completamente equipados para maximizar el potencial de estas tecnologías avanzadas.

Oportunidades en Recursos Humanos

Reclutamiento y Selección Mejorados:

La IA puede revolucionar el proceso de reclutamiento al permitir un análisis más rápido y profundo de los candidatos a través de algoritmos que evalúan currículos y perfiles de forma más eficiente. Esto puede acelerar el proceso y ayudar a reducir los sesgos inconscientes, logrando una selección más objetiva y diversa.

Gestión del Desempeño y Feedback Continuo:

Los sistemas de IA pueden facilitar la evaluación continua del desempeño mediante el análisis de datos en tiempo real, ofreciendo retroalimentación instantánea y personalizada a los empleados. Esto promueve un ambiente de mejora continua y desarrollo personalizado.

Desarrollo de Talento y Aprendizaje Automatizado:

La IA permite la creación de plataformas de aprendizaje personalizado que se adaptan a las necesidades y ritmos de aprendizaje de cada empleado, optimizando los resultados del aprendizaje y fomentando una cultura de desarrollo continuo y adaptabilidad.

Optimización de la Experiencia del Empleado:

Tecnologías de IA, como los chatbots, pueden mejorar

la experiencia del empleado proporcionando respuestas rápidas a consultas de RH, facilitando procesos administrativos como la solicitud de vacaciones o la gestión de beneficios, y permitiendo que el personal de RH se enfoque en tareas más estratégicas.

Estrategias para Superar los Desafíos y Maximizar las Oportunidades

Formación y Desarrollo Continuo:

Si no vas a invertir en programas de formación que se enfoquen en habilidades de IA y en la gestión del cambio, no te metas en la revolución 4.0. Estos programas deben enseñar no solo el uso de nuevas herramientas, sino también cómo los cambios influirán en la cultura organizacional y las operaciones diarias.

Gestión Proactiva del Cambio:

Es básico implementar estrategias de gestión del cambio que incluyan comunicación efectiva y la participación de los empleados en el proceso de adopción tecnológica, creando embajadores de cambio dentro de la empresa.

Políticas de Privacidad y Seguridad de Datos:

Desarrollar políticas claras y seguras para la gestión de

datos es fundamental. Asegurar la transparencia en el uso de datos de empleados y cumplir con las regulaciones legales son pasos necesarios para fortalecer la confianza y la seguridad entre los trabajadores.

Integración Tecnológica Cuidadosa:

Seleccionar soluciones de IA que se integren bien con los sistemas existentes es vital. También puede ser necesario considerar la actualización de sistemas obsoletos que puedan aprovechar al máximo las capacidades de la IA.

Reflexiones con una especialista en R.H.

Platiqué con Nicte Chávez, una de las especialistas más importantes en materia de recursos humanos en México sobre los retos y oportunidades para las empresas en con respecto a la automatización, surgieron varias preguntas entre las dos, platicar con una persona con un conocimiento y experiencia tan amplios sobre recursos humanos como Nicte siempre es enriquecedor. Creo que ambas partes me atrevo a decir, siempre disfrutamos sentarnos a platicar con la otra.

Durante esta plática específica sobre RH e IA, Nicte me confirmó algo que siempre pensé, los sistemas de reclutamiento con IA solo detectan ciertos Keywords que los reclutadores marcan, no hacen su búsqueda de manera semántica. Es decir, solo agarran los currículums que literalmente ponen las palabras que los encargados de manejar estos sistemas colocan, por ejemplo, si un ingeniero de bases de datos pone en su currículum: "Tengo experiencia en

Arquitectura de Sistemas de Datos..." y el sistema está programado para buscar "Ingeniería de Datos", su currículum va a ser pasado por alto. Este es un ejemplo claro de cómo la automatización puede a veces ser demasiado rígida y limitada, dejando de lado talentos potenciales por no cumplir con criterios específicos de búsqueda muy estrechos.

En el ámbito empresarial actual, la inteligencia artificial representa tanto una promesa de innovación como un desafío operacional. Durante nuestra conversación, Nicte expresó una preocupación significativa sobre el desconocimiento que tienen muchos directivos sobre la inteligencia artificial, lo que puede resultar en implementaciones ineficaces o incorrectas de esta tecnología.

Nicte señaló que, si bien hay un gran entusiasmo por incorporar la IA en los procesos empresariales, especialmente en recursos humanos para tareas como el reclutamiento y la gestión del talento, existe una brecha notable en el entendimiento práctico y estratégico de cómo hacerlo de manera efectiva. "Los directivos a menudo ven la IA como una solución mágica, pero no entienden completamente las implicaciones o los requisitos para una integración exitosa y tampoco las implicaciones éticas".

Esta falta de comprensión puede llevar a decisiones mal informadas, que no solo fallan en aprovechar el potencial de la IA, sino que también pueden generar problemas de adaptación y aceptación entre el personal.

Por ello, Nicte comentó sobre la importancia de invertir en contratar profesionales especializados en IA. Estos expertos no solo pueden guiar la implementación técnica, sino también ayudar a moldear las políticas y prácticas de recursos humanos para que se alineen mejor con las capacidades y limitaciones de las nuevas tecnologías. "Contratar a los profesionales adecuados es crucial. Ellos pueden asegurar que la IA se integre de manera que realmente mejore nuestros procesos, en lugar de complicarlos."

Otro punto crucial que surgió durante mi conversación con Nicte Chávez fue el temor de que la inteligencia artificial pueda perpetuar o incluso amplificar sesgos preexistentes en los procesos de recursos humanos. Este es un tema de preocupación creciente dentro de la comunidad empresarial, ya que los algoritmos de IA a menudo aprenden de datos históricos que pueden estar sesgados.

Nicte explicó cómo estos sesgos pueden infiltrarse en los sistemas de IA, especialmente en los de reclutamiento y selección. Por ejemplo, si un algoritmo de reclutamiento se entrena con datos de desempeño pasados que involucran predominantemente a un grupo demográfico específico, puede desarrollar una preferencia inadvertida por candidatos similares. Esto no solo es injusto para los candidatos que podrían ser pasados por alto debido a su género, etnia u otras características, sino que también puede limitar la diversidad en el lugar de trabajo, lo cual es clave para fomentar la innovación y la creatividad.

También me platico la importancia crítica de la cultura corporativa en la integración exitosa de la inteligencia artificial en los procesos empresariales. Durante la discusión, puso a Walmart como ejemplo emblemático de cómo una empresa puede alinear sus innovaciones tecnológicas con su cultura corporativa para lograr resultados significativos, las PYMES deben de tomar el ejemplo de Walmart para fortalecer una cultura corporativa que facilite la adopción de nuevas tecnologías.

Aquellos que no se adapten a las nuevas tecnologías inevitablemente se quedarán atrás. Este fenómeno no solo afecta las oportunidades laborales individuales sino también la competitividad general de las empresas en la economía global.

"Es una triste realidad que la adaptabilidad tecnológica se está convirtiendo en un divisor crucial en el mundo laboral", explicó Nicte. "Los empleados que no logran mantenerse al día con las nuevas herramientas y sistemas están encontrando cada vez más difícil no solo avanzar en sus carreras, sino incluso mantener sus puestos actuales." Nicte me dijo que esto no se limitará a los sectores tecnológicos; afecta a casi todas las áreas de la industria, desde el retail hasta los servicios financieros.

Nicte comentó que las empresas tienen un papel fundamental que desempeñar en mitigar este problema. "Las organizaciones deben comprometerse a capacitar y reentrenar a sus empleados. No es suficiente simplemente introducir nuevas tecnologías; las empresas deben también invertir en programas de educación que ayuden a todos sus trabajadores a sentirse competentes y seguros en su uso", sugirió. Esta inversión en formación no solo es beneficiosa para los empleados, sino que también ayuda a las empresas a maximizar la eficacia y el impacto de sus inversiones tecnológicas.

Empleos en Crecimiento y Oportunidades para PYMEs

La inteligencia artificial (IA) y el aprendizaje automático están creando nuevos roles y oportunidades increíbles para las pequeñas y medianas empresas (PYMEs) en América Latina. Como data scientist y desarrolladora de IA, he visto de primera mano cómo estas tecnologías pueden transformar negocios.

Según un estudio en 2023 de Mckinsey que, entre otras cosas analizó cuáles empleos en crecimiento, déjame te explico cuáles son y, cómo las PYMEs pueden beneficiarse al incorporar estos perfiles en sus equipos:

Especialistas en IA y Aprendizaje Automático:

Estos profesionales diseñan y desarrollan algoritmos y modelos que permiten a las máquinas aprender y tomar decisiones basadas en datos. Básicamente, están enseñando a las computadoras a pensar como humanos, pero con una capacidad de procesamiento mucho mayor. Tienen que saber programar en lenguajes como Python y R, manejar grandes volúmenes de datos, y entender bien los algoritmos de aprendizaje automático. Además, usan herramientas como TensorFlow y PyTorch, y tienen habilidades en matemáticas y estadística.

Para una PYME, como una tienda de productos regionales, contratar a un especialista freelance en IA puede ser un gran paso. Este profesional podría analizar patrones de compra y ayudar a optimizar el inventario, lo que no solo reduce costos, sino que también mejora la satisfacción del cliente al asegurar que siempre haya lo que los clientes quieren comprar.

Especialistas en Sostenibilidad:

Con la creciente preocupación por el medio ambiente, cada vez más empresas buscan ser más ecológicas. Los especialistas en sostenibilidad ayudan a las empresas a implementar prácticas que minimicen su impacto ambiental y cumplan con las regulaciones. Estos expertos conocen bien las ciencias ambientales, las normativas y regulaciones, y saben cómo gestionar residuos y diseñar programas sostenibles.

Imagina una fábrica de plásticos que quiere mejorar su imagen y ser más responsable con el medio ambiente. Un despacho en sostenibilidad podría ayudar a desarrollar productos más ecológicos y reducir el uso de materiales nocivos, mejorando así su reputación en el mercado.

Analistas de Inteligencia Empresarial:

Los analistas de inteligencia empresarial (BI) transforman grandes volúmenes de datos en información valiosa. Ayudan a las empresas a tomar decisiones informadas mediante el análisis de datos. Deben ser buenos en análisis de datos, usar herramientas de BI como Tableau y Power BI, y tener conocimientos en estadística. También necesitan ser buenos comunicadores para explicar sus hallazgos a equipos no técnicos.

Por ejemplo, un despacho de abogados podría

contratar una agencia de BI para analizar sus datos y descubrir tendencias en los tipos de casos que manejan. Esto les permite optimizar la asignación de recursos e identificar áreas emergentes de demanda legal, enfocando mejor su desarrollo y marketing.

Analistas de Seguridad Informática:

Con el aumento de las amenazas cibernéticas, la seguridad de la información es más importante que nunca. Los analistas de seguridad informática protegen los datos y sistemas de una empresa contra accesos no autorizados y ciberataques. Deben conocer bien la ciberseguridad, detección de amenazas, gestión de redes, y manejar herramientas de seguridad como firewalls y sistemas de detección de intrusiones.

Una PYME de comercio electrónico podría beneficiarse enormemente al contratar a un analista de seguridad informática. Este profesional puede implementar medidas de seguridad robustas y responder rápidamente a cualquier incidente, asegurando que los datos de los clientes y las operaciones de la empresa estén siempre seguros.

Ingenieros Fintech:

Los ingenieros Fintech desarrollan tecnologías financieras innovadoras para mejorar los servicios financieros. Trabajan en soluciones que facilitan transacciones más rápidas, seguras y eficientes. Necesitan combinar conocimientos en finanzas con habilidades de programación y desarrollo de software. Están familiarizados con Blockchain, criptografía y regulaciones financieras.

Una cooperativa de crédito podría beneficiarse de un departamento de expertos Fintech. Estos ingenieros pueden desarrollar aplicaciones móviles para facilitar transacciones, implementar sistemas de pago seguros y crear plataformas para gestionar préstamos y otros servicios financieros de manera más eficiente.

Analistas y Científicos de Datos:

Estos profesionales trabajan con grandes conjuntos de datos para descubrir patrones y tendencias que pueden guiar las decisiones empresariales. Deben ser buenos en análisis de datos, estadística y programación en lenguajes como Python y R. También usan herramientas como Hadoop y SQL para analizar y presentar sus hallazgos de manera comprensible.

Por ejemplo, una granja de vacas podría utilizar los servicios de científicos de datos para optimizar la producción de leche. Analizando datos sobre la salud y la nutrición de las vacas, podrían ajustar la alimentación y el cuidado de los animales para maximizar la producción, mejorando así la eficiencia y reduciendo costos.

Ingenieros en Robótica:

Los ingenieros en robótica diseñan, construyen y mantienen robots para diversas aplicaciones industriales. Estos robots pueden realizar tareas peligrosas, repetitivas o que requieren alta precisión. Necesitan conocimientos en mecánica, electrónica, programación de robots y sistemas de control. También deben ser buenos en el mantenimiento y resolución de problemas técnicos.

Una PYME de manufactura podría integrar robots en su línea de producción para aumentar la eficiencia y reducir el riesgo de lesiones laborales. Contratar personal especializado en el mantenimiento de estos robots asegura que operen de manera óptima y que cualquier problema se resuelva rápidamente.

Ingenieros en Electrotecnología:

Estos ingenieros diseñan y mantienen sistemas eléctricos avanzados, mejorando la eficiencia energética y reduciendo costos operativos. Deben conocer bien los sistemas eléctricos, eficiencia energética, diseño de circuitos y tecnologías de automatización.

Una empresa agrícola podría beneficiarse de ingenieros en electrotecnología para implementar sistemas de riego eficientes y sostenibles. Estos sistemas pueden reducir significativamente el uso de agua y energía, ahorrando costos y siendo más amigables con el medio ambiente.

Operadores de Equipos Agrícolas:

Los operadores de equipos agrícolas manejan maquinaria avanzada que aumenta la productividad y optimiza el uso de recursos. Esta tecnología incluye tractores autónomos y sistemas de gestión de cultivos. Necesitan habilidades técnicas para manejar y mantener la maquinaria moderna, así como conocimientos en gestión de cultivos y optimización de recursos.

Una granja que adopta esta tecnología puede mejorar significativamente sus rendimientos agrícolas. Los operadores aseguran que la maquinaria se use eficientemente y que cualquier problema se resuelva rápidamente, maximizando la productividad.

Especialistas en Transformación Digital:

Estos profesionales guían a las empresas en su viaje hacia la modernización tecnológica. Ayudan a implementar tecnologías que modernizan las operaciones y mejoran la competitividad. Deben tener conocimientos en tecnologías de la información, gestión de proyectos y experiencia en la implementación de software y plataformas digitales.

Un despacho de abogados podría transformarse digitalmente con la ayuda de un especialista en transformación digital. Implementando software de gestión de casos y plataformas de comunicación en línea, pueden mejorar la eficiencia interna y ofrecer un mejor servicio al cliente.

Integrar estos roles emergentes no solo prepara a las PYMEs para enfrentar los desafíos de la Cuarta Revolución Industrial, sino que también les permite aprovechar nuevas oportunidades de crecimiento y competitividad. Invertir en estos talentos y en la capacitación de la fuerza laboral existente es clave para asegurar un futuro próspero en un entorno empresarial cada vez más digitalizado y orientado a la tecnología.

Desde mi perspectiva como data scientist y desarrolladora de IA, es emocionante ver cómo estas tecnologías están moldeando el futuro de los negocios. Estoy convencida de que las PYMEs que adopten estos avances estarán mejor posicionadas para prosperar en la era digital, pero hay que recordar que todas las monedas tienen dos caras, y el mismo estudio de McKinsey que nos dice cuáles empleos están creciendo también nos dice cuáles están perdiendo relevancia, o por lo menos demanda rápidamente:

Cajeros Bancarios y Empleados Relacionados

Estos trabajadores se encargan de procesar transacciones, manejar cuentas y ofrecer servicios al cliente en los bancos.

Por qué se están perdiendo: La banca en línea y los cajeros automáticos han reducido la necesidad de personal en las sucursales. Los clientes prefieren realizar sus transacciones desde sus dispositivos móviles o en cajeros automáticos.

Impacto en PYMEs: Las PYMEs pueden implementar soluciones de banca digital para mejorar la eficiencia y reducir costos operativos, brindando servicios financieros más rápidos y accesibles a sus clientes.

Empleados de Servicios Postales

Estos empleados se encargan de la clasificación, el envío y la entrega de correo y paquetes.

Por qué se están perdiendo: El aumento del correo electrónico y la digitalización de la comunicación han reducido la cantidad de correo físico. Además, la automatización en los centros de distribución ha disminuido la necesidad de personal.

Impacto en PYMEs: Las PYMEs deben adaptarse a la digitalización de las comunicaciones, implementando estrategias de marketing digital y utilizando servicios de mensajería que integren tecnología avanzada.

Cajeros y Empleados de Venta de Boletos

Estos empleados venden boletos para eventos, transporte y otros servicios.

Por qué se están perdiendo: La venta de boletos en línea y las máquinas de autoservicio han hecho que estos roles sean menos necesarios. Los clientes prefieren la comodidad de comprar boletos desde sus dispositivos móviles o en quioscos automáticos.

Impacto en PYMEs: Las PYMEs pueden implementar sistemas de venta en línea y quioscos de autoservicio para ofrecer una mejor experiencia al cliente y reducir costos de personal.

Empleados de Captura de Datos

Estos empleados ingresan datos en sistemas informáticos desde documentos físicos o formularios.

Por qué se están perdiendo: La automatización y el software de reconocimiento óptico de caracteres (OCR) han reducido la necesidad de personal para ingresar datos manualmente.

Impacto en PYMEs: Las PYMEs pueden adoptar tecnologías de automatización de datos y software de OCR para mejorar la eficiencia y reducir errores en la captura de datos.

Secretarios Ejecutivos y Administrativos

Estos secretarios manejan la correspondencia, organizan reuniones y realizan tareas administrativas para los ejecutivos.

Por qué se están perdiendo: Las herramientas de productividad y los asistentes virtuales han reducido la necesidad de personal administrativo. Los ejecutivos ahora pueden manejar muchas de estas tareas directamente desde sus dispositivos.

Impacto en PYMEs: Las PYMEs pueden utilizar asistentes virtuales y software de gestión de tareas para optimizar las operaciones y reducir la necesidad de personal administrativo.

Empleados de Registro y Almacenamiento de Materiales

Estos empleados registran y gestionan el inventario y los materiales en almacenes y depósitos.

Por qué se están perdiendo: La automatización de almacenes y los sistemas de gestión de inventarios han disminuido la necesidad de personal para estas tareas.

Impacto en PYMEs: Las PYMEs pueden implementar sistemas de gestión de inventarios y automatización de almacenes para mejorar la eficiencia y precisión en la gestión de materiales.

Contabilidad, Empleados de Libros Contables y Nóminas

Estos empleados manejan los registros financieros, las cuentas y las nóminas de la empresa.

Por qué se están perdiendo: El software de contabilidad y los servicios de nómina en línea han reducido la necesidad de personal dedicado a estas tareas.

Impacto en PYMEs: Las PYMEs pueden utilizar software de contabilidad y servicios de nómina en línea para simplificar la gestión financiera y reducir costos.

Legisladores y Oficiales

Estos roles incluyen la gestión y aplicación de leyes y

políticas públicas.

Por qué se están perdiendo: La digitalización de los procesos gubernamentales y la implementación de sistemas automatizados han reducido la necesidad de personal en estas áreas.

Impacto en PYMEs: Las PYMEs pueden beneficiarse de una interacción más eficiente con las instituciones gubernamentales, utilizando plataformas digitales para cumplir con regulaciones y acceder a servicios públicos.

Empleados Estadísticos, Financieros y de Seguros

Estos empleados analizan datos financieros y estadísticos y gestionan pólizas de seguros.

Por qué se están perdiendo: La inteligencia artificial y el análisis de datos han automatizado muchas de estas tareas, reduciendo la necesidad de personal.

Impacto en PYMEs: Las PYMEs pueden aprovechar las herramientas de análisis de datos y software de gestión de seguros para tomar decisiones informadas y optimizar sus operaciones financieras.

Vendedores

Los vendedores se encargan de promover y vender productos y servicios directamente a los clientes.

Por qué se están perdiendo: El comercio electrónico y

las plataformas en línea han cambiado la manera en que los consumidores compran, reduciendo la necesidad de vendedores físicos.

Impacto en PYMEs: Las PYMEs pueden expandir su presencia en línea y utilizar estrategias de marketing digital para llegar a más clientes, ofreciendo una experiencia de compra conveniente y personalizada.

Aunque muchos trabajos tradicionales están siendo afectados por la automatización y las nuevas tecnologías, es poco probable que desaparezcan por completo. En lugar de eso, las demandas laborales para estos roles están cambiando, requiriendo nuevas habilidades y adaptaciones. Por ejemplo, cajeros bancarios, empleados postales y vendedores seguirán existiendo, pero ahora se espera que manejen herramientas digitales y ofrezcan un servicio al cliente más personalizado. Del mismo modo, los secretarios ejecutivos y administrativos deberán dominar software avanzado de gestión y colaboración en línea para complementar sus tareas tradicionales.

Empleados de captura de datos y de registro de materiales verán sus roles transformarse con la automatización, necesitando habilidades para supervisar y manejar sistemas automatizados. Los analistas de seguridad informática y especialistas en sostenibilidad tendrán que estar al tanto de las últimas tendencias y tecnologías para mantener la seguridad y sostenibilidad en un mundo cada vez más digital. Incluso los legisladores y oficiales necesitarán entender la digitalización de procesos gubernamentales y la implementación de sistemas automatizados. Mientras tanto, los empleados en contabilidad y nóminas deberán integrar software avanzado de gestión financiera en su trabajo diario. Aunque estos trabajos no desaparecerán, las personas en estos roles deberán adaptarse, adquirir nuevas competencias y combinar habilidades tradicionales con nuevas tecnologías para seguir siendo relevantes y eficientes en sus puestos.

Capítulo IX

Agentes Virtuales y su Impacto en el Mundo Empresarial

La implementación de agentes virtuales ha sido un factor transformador significativo en la dinámica empresarial de América Latina. A través de la integración de inteligencia artificial, estas herramientas están modificando radicalmente las interacciones entre empresas y clientes, así como la manera en que se gestionan los procesos internos. Los agentes virtuales no son solo innovaciones tecnológicas; representan un cambio fundamental en la estrategia y la operatividad de las organizaciones modernas.

Funciones y Capacidades de los Agentes Virtuales

Los agentes virtuales utilizan tecnologías de inteligencia artificial para simular conversaciones humanas, gestionar tareas y procesos, y tomar decisiones autónomas que tradicionalmente requerirían intervención humana. Estos sistemas están diseñados para entender y procesar el lenguaje natural, lo que les permite interactuar de manera efectiva con usuarios humanos. Su desarrollo se basa en complejos algoritmos de aprendizaje automático y procesamiento de lenguaje natural, permitiéndoles aprender y adaptarse a partir de cada interacción.

Esto significa que los agentes virtuales pueden mejorar continuamente su rendimiento y eficacia, ajustando sus respuestas y comportamientos basados en la acumulación de datos y experiencias anteriores. La capacidad de estos sistemas para auto-mejorarse sin intervención humana directa es una de las características más potentes y revolucionarias de la IA en el contexto empresarial.

Impacto en la Eficiencia y Productividad

La automatización de tareas repetitivas y la gestión de comunicaciones son algunas de las funciones más básicas de los agentes virtuales, pero su impacto va mucho más allá de la simple reducción de carga laboral. Al tomar el control de operaciones que consumen tiempo, estos agentes permiten que el personal humano se enfoque en tareas de mayor valor añadido, como la toma de decisiones estratégicas, la creatividad y la interacción personal donde es más necesaria. Esto no solo impulsa la productividad, sino que también puede llevar a una mayor satisfacción laboral, ya que los empleados son liberados de las tareas más monótonas y menos gratificantes.

Además, los agentes virtuales pueden operar las 24 horas del día, los 7 días de la semana, sin necesidad de descansos o tiempos de inactividad, lo que los convierte en herramientas extremadamente eficientes para el servicio al cliente. Su capacidad para gestionar múltiples solicitudes simultáneamente sin disminuir la calidad del servicio es otro factor que contribuye significativamente a la eficiencia operativa.

Mejora en la Experiencia del Cliente

La capacidad de los agentes virtuales para proporcionar respuestas rápidas y consistentes a las consultas de los clientes es crucial en un mercado donde las expectativas de servicio están continuamente elevándose. Estos sistemas pueden personalizar las interacciones basándose en el historial previo del cliente, proporcionando un servicio que es a la vez eficiente y profundamente personalizado. Esta personalización no solo mejora la experiencia del usuario, sino que también puede aumentar la lealtad del cliente y, por ende, su valor a largo plazo para la empresa.

Los chatbots han evolucionado significativamente desde sus inicios, convirtiéndose en herramientas esenciales en múltiples industrias gracias a su capacidad para mejorar la comunicación, automatizar tareas y ofrecer asistencia en tiempo real. A continuación, exploramos los distintos tipos de chatbots y sus aplicaciones específicas en varios campos.

Te comparto 6 tipos de chatbots y ejemplos hipotéticos de implementación.

Servicio al Cliente en Retail

"Eva", un chatbot implementado en una tienda de

ropa online, maneja eficazmente preguntas frecuentes sobre tallas, disponibilidad de productos, y políticas de devolución.

Beneficios: Este sistema permite que el personal de atención al cliente se concentre en consultas más complejas y situaciones de servicio al cliente que requieren empatía y juicio humano, mejorando la eficiencia del servicio y reduciendo los tiempos de espera para los clientes. Además, "Eva" asegura una experiencia de cliente consistente y fiable, lo cual es clave para construir confianza y fidelidad hacia la marca.

Chatbots Inteligentes o Basados en IA

Los chatbots inteligentes utilizan tecnologías como el procesamiento de lenguaje natural (NLP) y el aprendizaje automático para comprender y responder a las consultas de forma más contextual y dinámica. Son capaces de aprender de interacciones pasadas y mejorar continuamente su capacidad de comprensión y respuesta. Estos chatbots son especialmente útiles en entornos donde se requiere personalización y una comprensión más profunda del contexto del usuario, como en asistencia personalizada o soporte técnico avanzado.

"FinBot", empleado por un banco, utiliza el aprendizaje automático para analizar los patrones de gasto y ahorro de los clientes.

Beneficios: Ofrece recomendaciones personalizadas sobre productos financieros adecuados, como cuentas de ahorro de alto rendimiento o inversiones prudentes, ayudando a los clientes a optimizar sus finanzas personales. Este enfoque no solo aumenta la satisfacción y retención de clientes, sino que también posiciona al banco como un asesor financiero confiable, aumentando las oportunidades de cross-selling.

Chatbots Transaccionales

Estos chatbots están diseñados específicamente para facilitar transacciones, como la compra de productos o la reserva de servicios. Integran funcionalidades como sistemas de pago y gestión de inventarios, permitiendo a los usuarios completar transacciones directamente a través del chat sin intervención humana. Su eficacia radica en su capacidad para manejar de manera segura y eficiente los detalles de la transacción, ofreciendo una experiencia de usuario conveniente y rápida.

En una tienda de electrónica, un chatbot procesa pedidos de productos, verifica inventarios y maneja pagos.

Beneficios: Facilita una experiencia de compra sin fricciones desde el chat, lo que incrementa la tasa de conversión de ventas y reduce el abandono del carrito de compras. Los clientes disfrutan de un proceso de compra rápido y sin complicaciones, aumentando su satisfacción y probabilidad de regresar.

Chatbots de Entretenimiento

Diseñados para interactuar de manera lúdica y entretenida con los usuarios, estos chatbots suelen estar integrados en plataformas de redes sociales o aplicaciones móviles. Su objetivo es involucrar a los usuarios a través de juegos, concursos, y actividades interactivas que refuerzan la identidad de la marca y fomentan una mayor interacción con el contenido ofrecido. Son herramientas efectivas para aumentar el engagement del usuario y generar una impresión positiva de la marca.

"Quizzy", un chatbot integrado en plataformas de redes sociales, entretiene a los usuarios con juegos de trivia sobre productos y ofrece premios.

Beneficios: Este enfoque lúdico aumenta el engagement y la interacción de los usuarios, fortaleciendo la identidad de la marca y aumentando la visibilidad. Los usuarios se sienten más conectados con la marca y es más probable que compartan su experiencia positiva, funcionando como marketing de boca en boca.

Chatbots para la Gestión del Conocimiento

Especializados en proporcionar información detallada y específica, estos chatbots acceden a vastas bases de datos para ofrecer respuestas informadas y precisas. Son ideales en sectores como la educación, donde pueden proporcionar tutorías personalizadas, o en campos profesionales como la medicina o el derecho, donde la precisión y la actualidad de la información son cruciales.

Soporte Educativo: "EduBot", empleado en plataformas educativas, proporciona explicaciones instantáneas y recursos de aprendizaje personalizados a estudiantes.

Beneficios: Mejora la experiencia de aprendizaje al ofrecer apoyo adicional fuera del aula, lo que puede conducir a un aumento en las tasas de éxito de los estudiantes. EduBot también permite a los educadores centrarse en la enseñanza en lugar de pasar tiempo en tareas repetitivas de soporte.

Chatbots de Integración Interna

Estos chatbots se centran en mejorar la eficiencia operativa dentro de las organizaciones facilitando la comunicación interna y la gestión de tareas. Automatizan procesos rutinarios como la programación de entrevistas o la gestión de políticas internas, liberando al personal para que se concentre en tareas más estratégicas y complejas. Son fundamentales para mantener los flujos de trabajo alineados y eficientes en entornos corporativos.

"HRBot", utilizado en una gran corporación, automatiza la programación de entrevistas, seguimiento de vacaciones, y distribución de políticas internas.

Beneficios: Optimiza los procesos de recursos humanos, reduciendo la carga de trabajo administrativo y permitiendo que el equipo de RRHH se enfoque en estrategias de desarrollo y retención de talento. Esto contribuye a mejorar el clima laboral y la eficiencia operativa.

Cada tipo de chatbot tiene su nicho específico y, dependiendo de sus capacidades y la tecnología subyacente, puede proporcionar un valor significativo en diversos contextos. La elección de un chatbot debe basarse en las necesidades específicas de la empresa y los objetivos que se desean alcanzar a través de su implementación.

Desafíos y Consideraciones Éticas en la Implementación de Agentes Virtuales

A pesar de los beneficios evidentes, la implementación de agentes virtuales no está exenta de desafíos. Las cuestiones de seguridad y privacidad de datos son de suma importancia, dado que estos sistemas manejan grandes cantidades de información personal. Además, mientras que la automatización puede mejorar la eficiencia, también plantea preguntas sobre el impacto en el empleo y la necesidad de redefinir roles dentro de las organizaciones.

A medida que estas tecnologías continúan evolucionando, también lo harán los marcos regulatorios y éticos que aseguran su uso responsable. Será fundamental para las empresas mantenerse al tanto de estas regulaciones y adaptarse a un paisaje tecnológico en constante cambio.

La integración de agentes virtuales en las operaciones

empresariales conlleva no solo oportunidades significativas de transformación digital, sino también desafíos éticos y técnicos importantes que las organizaciones deben abordar cuidadosamente para garantizar un uso responsable y efectivo de estas tecnologías. Aquí, exploramos algunos de los principales desafíos y consideraciones éticas:

Seguridad de los Datos

La seguridad de los datos es uno de los desafíos más críticos al implementar agentes virtuales, especialmente cuando manejan información personal y sensible de los usuarios. Las empresas deben asegurar que:

Cumplimiento de Normativas:

Los sistemas deben estar diseñados para cumplir con las leyes de protección de datos aplicables, como el GDPR en Europa y leyes similares en otros países, lo que implica procesos robustos de consentimiento, acceso y eliminación de datos.

Cifrado y Seguridad de la Información:

Implementar tecnologías de cifrado avanzadas y otras medidas de seguridad para proteger los datos contra accesos no autorizados, brechas y otros riesgos cibernéticos.

Auditorías y Monitoreo Constante:

Realizar auditorías de seguridad regularmente y monitorizar los sistemas para detectar y responder a amenazas de manera oportuna.

Sesgo en la IA

El potencial de sesgo en los algoritmos de IA es un problema significativo, ya que puede influir en las decisiones tomadas por los agentes virtuales, afectando la equidad y la justicia de sus interacciones. Para mitigar estos riesgos, las organizaciones deben:

Diversidad en los Datos de Entrenamiento: Utilizar conjuntos de datos amplios y representativos que reflejen la diversidad de la población general para entrenar los modelos de IA, evitando así perjuicios en el aprendizaje automático.

Pruebas Rigurosas: Realizar pruebas exhaustivas de los algoritmos para detectar y corregir sesgos antes de su implementación en entornos reales.

Transparencia y Explicabilidad: Desarrollar sistemas que no solo sean efectivos sino también transparentes en sus procesos de toma de decisiones, permitiendo a los usuarios entender cómo y por qué se toman ciertas decisiones.

Consideraciones Éticas Adicionales

Privacidad del Usuario: Garantizar que los agentes virtuales recopilen, usen y almacenen datos personales respetando la privacidad de los individuos y operando siempre dentro de los límites establecidos por la ley y las expectativas éticas.

Interacción Humana Adecuada: Diseñar sistemas que faciliten, y no reemplacen, la interacción humana donde sea necesario, especialmente en áreas sensibles como la atención médica o el asesoramiento financiero.

Impacto Laboral: Considerar el impacto de la automatización en la fuerza laboral y buscar maneras de reestructurar roles y proporcionar capacitación para que los empleados puedan adaptarse y prosperar en un entorno cada vez más automatizado.

Implementación Estratégica

Para que las PYMES en Latinoamérica y otras regiones maximicen los beneficios de los agentes virtuales, deben desarrollar e implementar estas tecnologías de manera estratégica y ética. Esto incluye:

Planificación Cuidadosa: Evaluar cuidadosamente las necesidades y los objetivos específicos de la empresa para determinar cómo los agentes virtuales pueden proporcionar el máximo beneficio.

Inclusión de Stakeholders: Involucrar a todas las partes interesadas, incluidos empleados, clientes y reguladores, en el proceso de diseño e implementación para asegurar que los sistemas sean bien aceptados y efectivamente integrados.

Capacitación y Soporte Continuo: Proporcionar capacitación adecuada a los empleados y soporte continuo para garantizar que los agentes virtuales sean utilizados de manera efectiva y responsable.

Capítulo X

Robótica en las PYMES de Latinoamérica: Automatización para el Futuro

En un mundo globalizado y altamente competitivo, la robótica emerge como una solución transformadora para las PYMES de Latinoamérica, permitiéndoles optimizar procesos, reducir costos y mejorar la calidad de sus productos y servicios. La robótica, al integrar disciplinas como mecánica, electrónica e informática, posibilita el diseño, construcción y operación de robots capaces de ejecutar tareas complejas de manera autónoma y eficiente.

Beneficios de la Robótica para las PYMES

1. Aumento de la Productividad

La implementación de robots en las PYMES puede llevar a un notable incremento en la productividad. Estos sistemas permiten operar continuamente sin descanso, lo que se traduce en una producción ininterrumpida. En un contexto latinoamericano, donde muchas industrias buscan competir a nivel internacional, esta ventaja es crucial.

2. Mejora en la Calidad y Consistencia del Producto

Los sistemas robóticos están programados para realizar tareas con precisión milimétrica, lo que reduce significativamente los errores humanos y asegura una calidad constante en el producto final. Esto es especialmente beneficioso en sectores donde la calidad es un diferenciador crítico en el mercado.

3. Flexibilidad Operativa

La capacidad de reprogramar y adaptar robots para realizar diferentes tareas proporciona a las PYMES la flexibilidad necesaria para responder rápidamente a las fluctuaciones del mercado y las demandas cambiantes de los consumidores, un aspecto vital en la dinámica economía de Latinoamérica.

Implementación en Diferentes Sectores

1. Manufactura

En el sector manufacturero, los robots han revolucionado las líneas de producción. Desde el ensamblaje hasta procesos más complejos como la soldadura y la pintura, los robots incrementan la velocidad de producción mientras reducen los costos asociados con la mano de obra. Esto es particularmente relevante en Latinoamérica, donde muchas PYMES buscan optimizar costos para competir con productos importados.

2. Agricultura

Latinoamérica, con su vasta extensión agrícola, se beneficia enormemente de la robótica. Robots y drones se utilizan para tareas de siembra y cosecha, mejorando la eficiencia y precisión. La robótica también ayuda en la gestión del agua y los recursos, crucial en regiones con problemas de sequía o manejo ineficiente de recursos.

3. Logística

La automatización en la logística a través de robots móviles autónomos (AMRs) optimiza el manejo de inventarios y la distribución de productos, crucial para PYMES que buscan expandir su alcance de mercado dentro y fuera de sus fronteras locales.

4. Sector Salud

En el ámbito de la salud, los robots de telepresencia permiten a los médicos ofrecer consultas y diagnósticos a distancia, ampliando el acceso a servicios médicos especializados, especialmente en áreas remotas de Latinoamérica.

5. Hospitalidad y Servicios

Robots en el sector de la hospitalidad, como los robots meseros, no solo mejoran la eficiencia sino también la experiencia del cliente, ofreciendo un servicio novedoso y eficiente que puede diferenciar a una empresa en el mercado turístico y de servicios.

Innovaciones y Ejemplos de Implementación

1. Robots en Retail

Empresas latinoamericanas de retail están comenzando a utilizar robots como el Pepper para interactuar con los clientes, proporcionando información y asistencia en el punto de venta. Esta tecnología no solo mejora la experiencia del cliente sino que también recopila datos valiosos sobre las preferencias y comportamientos de los consumidores.

2. Drones en Entregas Rurales

Iniciativas como las de Zipline en África están siendo exploradas en Latinoamérica para la entrega de suministros médicos en áreas rurales. Estos drones ofrecen una solución eficaz para superar limitaciones geográficas y de infraestructura, proporcionando servicios críticos en tiempo récord.

Desafíos en la Adopción de Robótica

1. Costo de Inversión Inicial

El alto costo inicial de los robots puede ser prohibitivo para muchas PYMES. Sin embargo, el desarrollo de políticas de financiamiento y subsidios por parte de gobiernos locales podría aliviar esta barrera, incentivando la adopción de tecnologías avanzadas.

2. Brecha de Habilidades Técnicas

La falta de habilidades técnicas es un desafío significativo. La colaboración entre instituciones educativas y el sector industrial es clave para desarrollar programas de capacitación que preparen a los trabajadores para esta nueva era tecnológica.

3. Integración con Sistemas Existentes

Integrar robots con los sistemas y procesos existentes requiere una inversión considerable en tiempo y recursos. Las PYMES deben planificar cuidadosamente las etapas de implementación para minimizar las interrupciones operativas.

4. Percepción y Aceptación del Personal

Es vital abordar las preocupaciones del personal respecto a la automatización. Implementar programas que muestren cómo la robótica complementa y mejora el trabajo humano puede ayudar a mejorar la aceptación y la integración de estas tecnologías.

La robótica representa una frontera crucial para el desarrollo y competitividad de las PYMES en Latinoamérica. A través de una estrategia bien definida y un enfoque proactivo para superar desafíos, la robótica no solo asegura la supervivencia de las PYMES en un mercado competitivo sino que también marca el camino hacia un futuro tecnológicamente avanzado y sostenible. La adopción de esta tecnología es, por lo tanto, no solo una medida de innovación sino una necesidad estratégica para el crecimiento y la expansión en la era global.

Capítulo XI

Impresión 3D en las PYMES

Es una maravilla para nosotros los nerds, imagina poder crear tus propios monitos de Warhammer 41k o Dungeons & Dragons, crear accesorios para tus controles de videojuegos o partes personalizadas para tus legos en tu propia casa sin tener millones de herramientas... pero esto es solo un poquito de lo que se puede hacer. .

Desde sus inicios en la década de 1980, la impresión 3D ha evolucionado significativamente. Charles Hull, el inventor de la estereolitografía, marcó el comienzo de esta revolución tecnológica que permite la creación de objetos tridimensionales a partir de un archivo digital, añadiendo material capa por capa. A lo largo de los años, la impresión 3D ha pasado de ser una herramienta de prototipado a una solución integral de fabricación, valorada por su rapidez, coste-efectividad y la personalización que permite. Hoy en día, esta tecnología facilita la producción de productos innovadores a una fracción del costo y tiempo comparado con métodos de fabricación tradicionales, transformando industrias y negocios en todo el mundo.

Técnicas y Materiales

Entre las tecnologías de impresión más comunes se

encuentran el Modelado por Deposición Fundida (FDM), la Estereolitografía (SLA) y la Sinterización Selectiva por Láser (SLS). Cada una de estas tecnologías tiene sus propias ventajas y aplicaciones, adaptándose a una amplia gama de materiales y necesidades.

Modelado por Deposición Fundida (FDM)

El Modelado por Deposición Fundida, también conocido como FDM, es una de las tecnologías de impresión 3D más utilizadas debido a su costo-efectividad y la variedad de materiales que soporta. En este proceso, un filamento de material termoplástico se funde y se deposita capa por capa para construir el objeto deseado. FDM es ideal para la creación de prototipos funcionales y piezas duraderas, ya que los materiales utilizados, como ABS y PLA, son robustos y tienen buenas propiedades mecánicas.

Por ejemplo, una empresa de diseño de productos puede utilizar impresoras FDM para desarrollar rápidamente prototipos de sus nuevos diseños, permitiendo iterar y mejorar sus productos antes de la producción en masa. Además, esta tecnología es accesible y relativamente económica, lo que la hace atractiva tanto para empresas como para aficionados.

Estereolitografía (SLA)

La Estereolitografía, o SLA, es una tecnología que destaca por su alta precisión y la calidad del acabado superficial. Utiliza un láser ultravioleta para solidificar una resina líquida fotosensible, construyendo el objeto capa por capa con gran detalle. Esta tecnología es particularmente adecuada para aplicaciones que requieren un alto nivel de detalle y acabados suaves, como en el sector dental y la joyería.

En odontología, los profesionales pueden crear modelos dentales extremadamente precisos que facilitan la producción de prótesis y alineadores dentales personalizados. En la joyería, SLA permite a los diseñadores crear prototipos de alta precisión, lo que resulta en piezas finales con detalles intrincados y acabados finos.

Sinterización Selectiva por Láser (SLS)

La Sinterización Selectiva por Láser (SLS) es otra tecnología de impresión 3D que se distingue por su capacidad para producir objetos complejos sin necesidad de estructuras de soporte. SLS utiliza un láser de alta potencia para fusionar partículas de polvo, capa por capa, creando un objeto sólido. Esta tecnología es ampliamente utilizada en industrias como la automotriz y la aeroespacial, donde la capacidad de crear geometrías complejas y componentes robustos es crucial.

En la industria automotriz, por ejemplo, SLS permite la producción de piezas personalizadas y prototipos funcionales que pueden soportar pruebas rigurosas. En la aeroespacial, la capacidad de SLS para trabajar con materiales de alta resistencia como metales y aleaciones es fundamental para fabricar componentes ligeros y duraderos, esenciales para el rendimiento y la seguridad de las aeronaves.

Variedad de Materiales

Cada una de estas tecnologías se adapta a diferentes materiales, ampliando significativamente las aplicaciones de la impresión 3D. Los materiales más comunes incluyen plásticos, resinas, metales y cerámicas. Los plásticos como ABS y PLA son populares en FDM por su versatilidad y costo-efectividad. Las resinas utilizadas en SLA ofrecen una variedad de propiedades, desde rigidez hasta flexibilidad, adecuándose a diferentes necesidades de precisión y acabado. Los metales, sinterizados mediante SLS, son esenciales para aplicaciones que requieren alta resistencia y durabilidad.

Recientemente, la impresión 3D ha expandido su alcance a materiales innovadores como tejidos biológicos y alimentos. En la medicina, la bioimpresión utiliza células y materiales biocompatibles para crear tejidos y órganos, abriendo posibilidades revolucionarias en trasplantes y tratamientos personalizados. En la gastronomía, la impresión de alimentos permite crear estructuras complejas y personalizadas, llevando la creatividad culinaria a nuevas alturas.

Nuevas Fronteras en la Impresión 3D

La continua evolución de la impresión 3D y la introducción de nuevos materiales están transformando industrias enteras. En el ámbito médico, por ejemplo, la impresión 3D de prótesis y dispositivos médicos personalizados mejora significativamente la calidad de vida de los pacientes, permitiendo soluciones a medida que antes no eran posibles. En la moda, diseñadores están explorando con impresoras 3D para crear ropa y accesorios personalizados, fusionando tecnología y arte de manera innovadora.

Además, en la educación, las impresoras 3D están siendo utilizadas como herramientas didácticas, permitiendo a los estudiantes materializar sus ideas y proyectos de manera tangible. Esto no solo fomenta la creatividad, sino que también proporciona una comprensión más profunda de conceptos complejos en áreas como la ingeniería y el diseño.

Impacto en la Fabricación y Prototipado

La implementación de la impresión 3D en la fabricación ha revolucionado el prototipado, ofreciendo reducciones significativas en costos y tiempos. Esta tecnología elimina la necesidad de herramientas y moldes costosos, permite realizar cambios de diseño de forma rápida y económica, y reduce los plazos de producción. Además, la capacidad de personalización de productos fomenta la innovación en diversos sectores, permitiendo a las empresas ofrecer soluciones adaptadas a las necesidades específicas de sus clientes, desde joyería hasta dispositivos médicos personalizados.

Casos de Uso Innovadores

En la medicina, la impresión 3D ha permitido la creación de implantes y prótesis a medida, mejorando significativamente la calidad de vida de los pacientes. En el sector de la construcción, esta tecnología facilita la edificación de estructuras complejas con precisión y eficiencia, reduciendo los residuos y los tiempos de construcción. La automoción también se beneficia enormemente, con la fabricación de piezas personalizadas y de repuesto que optimizan la gestión de inventarios y la cadena de suministro.

Desafíos y Consideraciones Regulatorias

Asegurar la calidad y consistencia de los productos impresos en 3D es crucial para su aceptación y éxito en el mercado. Además, los desafíos legales, especialmente en términos de propiedad intelectual y derechos de autor, requieren una gestión cuidadosa. La replicación de productos patentados sin permiso puede resultar en complejas disputas legales y sanciones.

Consideraciones Éticas y Peligros

La accesibilidad de la impresión 3D también presenta riesgos significativos. La capacidad de imprimir componentes de armas de fuego o incluso dispositivos explosivos plantea preocupaciones de seguridad.

Estos productos, cuando se fabrican en impresoras 3D, pueden ser prácticamente indetectables por métodos convencionales de detección de metales y no dejan un rastro fácil de seguir en cuanto a su origen. Esto no solo es un problema de seguridad pública sino también un desafío ético, ya que la tecnología podría ser utilizada para propósitos nefastos por individuos o grupos sin escrúpulos.

Como se pueden aprovechar las pymes de estas estrategias

Esta tecnología permite la creación de objetos tridimensionales a partir de modelos digitales, ofreciendo ventajas como la rapidez en el desarrollo de prototipos, la producción a demanda y la personalización masiva. A continuación, se presenta una guía detallada sobre cómo las PYMES pueden incorporar la impresión 3D para maximizar sus beneficios y mejorar su competitividad.

Evaluación de Necesidades y Capacitación

Antes de adoptar cualquier nueva tecnología, es fundamental que las PYMES evalúen sus necesidades específicas. Identificar áreas dentro de la empresa donde la impresión 3D podría aportar los mayores beneficios es el primer paso. Por ejemplo, una empresa de fabricación puede encontrar que la impresión 3D es particularmente útil para el desarrollo rápido de prototipos, mientras que una empresa de diseño podría utilizarla para crear maquetas detalladas de sus productos.

Una vez identificadas las áreas de oportunidad, la capacitación del personal se convierte en un componente crucial. El personal debe estar adecuadamente capacitado para utilizar la tecnología de impresión 3D de manera efectiva. Esto incluye no solo el manejo de las impresoras 3D, sino también el diseño de modelos digitales y la comprensión de los materiales que se pueden utilizar. Organizar talleres y cursos de formación puede ser una excelente manera de asegurar que el equipo esté bien preparado para aprovechar al máximo esta tecnología.

Prototipado Rápido

Una de las aplicaciones más valiosas de la impresión 3D para las PYMES es el prototipado rápido. Implementar la impresión 3D para el desarrollo de prototipos puede acelerar significativamente el ciclo de innovación. Con la impresión 3D, las empresas pueden crear y modificar prototipos en cuestión de horas o días, en lugar de semanas o meses. Esto permite realizar pruebas y ajustes rápidos antes de la producción a gran escala.

Por ejemplo, una empresa de diseño de productos que está desarrollando un nuevo gadget puede imprimir un prototipo funcional en cuestión de días. Esto no sólo acelera el proceso de desarrollo, sino que también permite detectar y corregir errores en las primeras etapas del diseño. Al reducir el tiempo y el costo del prototipo, las PYMES pueden lanzar nuevos productos al mercado de manera más rápida y eficiente.

Producción a Demanda

La producción a demanda es otra área donde las PYMES pueden beneficiarse enormemente de la impresión 3D. Esta tecnología facilita la fabricación just-in-time, permitiendo a las empresas producir solo lo que necesitan, cuando lo necesitan. Esto reduce significativamente el exceso de inventario y los costos de almacenamiento, lo que es ideal para las PYMES que buscan optimizar recursos.

Imaginemos una pequeña empresa de muebles que recibe un pedido personalizado. En lugar de fabricar una gran cantidad de productos y luego intentar venderlos, la empresa puede utilizar la impresión 3D para producir exactamente lo que el cliente ha solicitado. Esto no solo reduce los costos de almacenamiento, sino que también mejora la satisfacción del cliente al ofrecer productos personalizados y únicos.

Personalización de Productos

La capacidad de personalización es una de las ventajas más destacadas de la impresión 3D. Esta tecnología abre la puerta a la personalización masiva, permitiendo a las PYMES diferenciarse en mercados saturados ofreciendo productos que se adaptan exactamente a las necesidades y deseos de los clientes.

Por ejemplo, una pequeña empresa de joyería puede utilizar la impresión 3D para crear piezas personalizadas para cada cliente. Esto no solo añade un valor único a cada producto, sino que también permite a la empresa cobrar un precio premium por sus productos personalizados. De manera similar, una empresa de ortopedia puede utilizar la impresión 3D para fabricar prótesis y aparatos ortopédicos que se ajusten perfectamente a cada paciente, mejorando tanto la comodidad como la funcionalidad.

Posicionamiento Competitivo

Incorporando estas estrategias, las PYMES no solo pueden mejorar su competitividad, sino también posicionarse como líderes en la adaptación tecnológica. La adopción de la impresión 3D puede ser vista como un signo de innovación y modernidad, lo que puede atraer a nuevos clientes y socios comerciales.

Además, las PYMES pueden utilizar la impresión 3D para explorar nuevos mercados y oportunidades de negocio. Por ejemplo, una empresa que tradicionalmente fabrica piezas mecánicas puede diversificarse y comenzar a ofrecer servicios de impresión 3D a otros negocios, abriendo así una nueva fuente de ingresos.

Gestión de Riesgos y Consideraciones Éticas

Como con cualquier tecnología, la implementación de la impresión 3D también conlleva ciertos riesgos y consideraciones éticas que las PYMES deben gestionar de manera efectiva. La propiedad intelectual es una preocupación importante, ya que la capacidad de replicar fácilmente objetos puede llevar a violaciones de patentes y derechos de autor. Es esencial que las empresas establezcan políticas claras y tomen medidas para proteger sus diseños y productos.

La seguridad es otro aspecto crucial. Las impresoras 3D y los materiales utilizados pueden representar riesgos si no se manejan adecuadamente. Las empresas deben asegurarse de seguir las mejores prácticas de seguridad y proporcionar formación adecuada a sus empleados para minimizar cualquier riesgo potencial.

Además, las PYMES deben considerar el impacto ambiental de la impresión 3D. Si bien esta tecnología puede reducir el desperdicio en comparación con los métodos de fabricación tradicionales, todavía es importante gestionar el uso de materiales de manera responsable y explorar opciones de reciclaje y reutilización.

Futuro de la Impresión 3D en las PYMES

El futuro de la impresión 3D en las PYMES es muy prometedor. A medida que la tecnología continúa avanzando y los costos de las impresoras 3D y los materiales siguen disminuyendo, cada vez más pequeñas y medianas empresas podrán acceder a sus beneficios. Además, la impresión 3D está evolucionando más allá de los plásticos y metales, con nuevas investigaciones que exploran el uso de materiales biocompatibles, alimentos y otros materiales innovadores.

Por ejemplo, en el futuro, una pequeña empresa de alimentos podría utilizar la impresión 3D para crear productos alimenticios personalizados y nutritivos adaptados a las necesidades dietéticas específicas de cada cliente. Del mismo modo, una empresa de moda podría utilizar la impresión 3D para crear ropa y accesorios personalizados, ofreciendo diseños únicos y a medida que se adapten perfectamente a cada cliente.

La incorporación de la impresión 3D ofrece a las PYMES una oportunidad única para innovar, mejorar su eficiencia operativa y ofrecer productos y servicios personalizados. Al evaluar cuidadosamente sus necesidades, capacitar adecuadamente a su personal y gestionar los riesgos asociados, las PYMES pueden aprovechar al máximo esta tecnología y posicionarse como líderes en sus respectivos mercados. La impresión 3D no solo es una herramienta poderosa para el presente, sino que también promete transformar el futuro de las pequeñas y medianas empresas en todo el mundo.

Capítulo XII
IoT en Pequeñas y Medianas Empresas

El mundo empresarial está adoptando una revolución tecnológica sin precedentes gracias al Internet de las Cosas (IoT).

Algunas PYMEs están preparándose en esta innovación para estar a la par con sus contrapartes más grandes y permitirse incluso competir en mercados donde antes no tenían presencia. Este artículo examina los conceptos básicos del IoT, sus aplicaciones

Concepto del Internet de las Cosas (IoT)

IoT es la abreviatura de Internet of Things (Internet de las Cosas). Significa conectar gadgets comunes, que se utilizan en la vida diaria de los seres humanos, a internet y habilitarlos para recopilar e intercambiar datos. Incluyen gadgets para uso doméstico, herramientas industriales inteligentes o sensores de seguimiento.

Componentes del IoT

El IoT está formado por los sensores, los actuadores, los sistemas de comunicación y hasta la nube. Los sensores recogen información del entorno; los actuadores actúan sobre el entorno según esa información; los sistemas de comunicación posibilitan la transferencia de información y hasta la nube, que aporta el almacenamiento y el procesamiento de la información.

Funcionamiento del IoT

Los dispositivos IoT se comunican e interactúan entre sí y con las plataformas de gestión central a través de redes inalámbricas. Los datos recopilados se procesan y analizan para generar información útil que puede utilizarse para mejorar procesos y tomar decisiones informadas.

Aplicaciones de IoT en PYMEs

Automatización y Control

El IoT puede permitir a las PYMEs automatizar más sus procesos y tomar un mejor control de las operaciones. Por ejemplo, pueden manejar inventarios o automatizar, controlar y optimizar el consumo de energía en sistemas de climatización.

Monitorización y Mantenimiento

Estas implementaciones de IoT permiten el monitoreo en tiempo real de equipos y maquinarias para evitar tiempos de inactividad y sus costos de mantenimiento relacionados. El mantenimiento predictivo basado en datos también ayuda a prevenir fallas antes de que ocurran.

Gestión de Inventarios

El IoT puede permitir a las PYMES gestionar inventarios de manera más eficiente al ofrecer visibilidad en tiempo real de los niveles de stock y la demanda. Esto permite reducir el stock, mejorar la precisión en la planificación de la producción y responder de manera más ágil a las necesidades del mercado.

Beneficios del IoT para las PYMES

Eficiencia Operativa

Las soluciones de IoT impulsan la eficiencia operativa mediante la automatización de procesos, minimizando los tiempos de respuesta y optimizando la utilización de recursos para reducir costos y aumentar la productividad.

Toma de Decisiones Basada en Datos

El IoT proporciona datos en tiempo real que permiten a las PYMES tomar decisiones más informadas y estratégicas. La información recopilada sobre el rendimiento operativo, el comportamiento del cliente y las tendencias del mercado ayuda a identificar oportunidades de mejora y prever cambios en el entorno empresarial.

Mejora de la Experiencia del Cliente

Personalizando el servicio al cliente y aumentando la satisfacción mediante el uso de datos del IoT, las PYMES se posicionan mejor para diferenciarse en un mercado cada vez más competitivo. La capacidad de ofrecer experiencias personalizadas y relevantes, incrementa aún más la fidelidad del cliente y mejora la reputación de la marca.

Desafíos y Consideraciones

Seguridad y Privacidad

Un desafío crítico no sólo para la adopción del IoT, sino también para las PYMES, es la seguridad de los datos sensibles y la protección contra ataques cibernéticos. Esto requiere las mejores prácticas y vigilancia en la implementación de medidas de seguridad en relación con la ciberseguridad.

Complejidad Técnica

La implementación y gestión de soluciones de IoT pueden ser técnicamente complejas y requerir habilidades especializadas. Por lo tanto, las PYMES deben considerar si desarrollarán las habilidades necesarias internamente o recurrirán a la externalización; podría ser a través de soporte técnico de los proveedores para asegurar el éxito de sus iniciativas de IoT.

Costo de Implementación

Aunque el IoT puede generar importantes beneficios a largo plazo, las PYMES deben evaluar cuidadosamente el retorno de la inversión y considerar los costos iniciales asociados con la tecnología IoT. Es importante elaborar un plan de implementación claro y calcular los costos totales de propiedad.

El impacto del Internet de las Cosas en el mundo empresarial es enorme, y las PYMES tienen una oportunidad de oro a través de la tecnología. Sin embargo, para obtener las mejores ventajas, es crucial que las PYMES aborden colectivamente sus principales desafíos de seguridad, complejidad tecnológica y costos de implementación.

Estas soluciones de IoT harán que su eficiencia operativa sea la mejor, la mayoría de las decisiones que tomen serán impulsadas por datos y, finalmente, tendrán la capacidad de ofrecer experiencias excepcionales a los clientes. El futuro del IoT en las PYMES es prometedor. Las empresas que se preparen y adapten estarán en una posición ventajosa para competir en un mercado que está en constante cambio.

Capitulo XIII
Las PYMES 4.0

Las tecnologías avanzadas como el Internet de las Cosas (IoT), la inteligencia artificial (IA) y las plataformas de gestión digital no son exclusivas de las grandes corporaciones. Con determinación y el apoyo adecuado, incluso las empresas más pequeñas pueden implementar estas innovaciones y experimentar una metamorfosis completa.

Uno de los mayores desafíos que enfrentan las PYMES familiares es la resistencia al cambio por parte de los directivos. Muchas veces, los líderes de estas empresas han estado al frente durante décadas y pueden sentirse cómodos con los métodos tradicionales que han funcionado en el pasado. Sin embargo, en un mundo que avanza rápidamente hacia la digitalización, esta resistencia puede convertirse en un obstáculo significativo para el crecimiento y la supervivencia del negocio.

Una vez desbloqueado el problema de la resistencia por parte de los directivos, la Cuarta Revolución Industrial ofrece herramientas sin precedentes para que estas empresas no solo sobrevivan, sino que prosperen. Este capítulo va a revisar varios casos hipotéticos en diversas industrias de PYMES que han adoptado tecnologías de la Revolución 4.0 para transformar sus operaciones, mejorar la eficiencia y asegurar su relevancia en un mercado cada vez más competitivo.

No te voy a mentir y decirte que te va a salir 2 pesos esto, si es costoso implementar una estrategia digital completa, sin embargo no tienes por qué hacerlo en una sola etapa, puedes crear una estrategia multi etapa que te ayude a distribuir la carga de hacer una inversión así empieza por pasos.

Sabores y Tradiciones: De una Tienda Física a un E-commerce Global

En San Cristóbal de las Casas, una tienda familiar de productos regionales y textiles logró expandir su alcance más allá de las fronteras locales. Al implementar una plataforma de e-commerce, un chatbot para atención al cliente y sistemas de inventario predictivo, esta empresa no sólo incrementó sus ventas sino que también optimizó su eficiencia operativa.

Transformación Digital de "Sabores y Tradiciones", una Tienda de Productos Regionales

Estado Inicial: Una Tienda Familiar Física

En el pintoresco pueblo de San Cristóbal de las Casas, en Chiapas, se encuentra "Sabores y Tradiciones", una encantadora tienda familiar que ha pasado por tres generaciones. Este rincón especializado ofrece desde mermeladas caseras y quesos locales hasta miel producida en la región, embutidos tradicionales y hermosos textiles hechos a mano por artesanos de la comunidad. A pesar de contar con una base de clientes fieles, la tienda enfrentaba retos significativos como la competencia de grandes supermercados y una limitada expansión geográfica.

Pasos para la Transformación Digital

Análisis y Planificación Estratégica:

Evaluación de Necesidades: La familia propietaria reconoció la necesidad de modernizar su negocio para alcanzar a un público más amplio y mejorar la eficiencia operativa.

Consultoría: Contrataron a un consultor especializado en transformación digital para evaluar su situación actual y desarrollar un plan hacia la digitalización.

Desarrollo de una Plataforma de Comercio Electrónico:

Selección de la Plataforma: Optaron por Shopify debido a su interfaz amigable y rápida personalización.

Diseño y Desarrollo: Crearon una tienda en línea que refleja la calidez y el encanto de su tienda física, incluyendo descripciones detalladas y fotografías de alta calidad de sus productos.

Integración de Sistemas de Pago y Envío: Implementaron diversas opciones de pago y configuraron acuerdos con empresas de mensajería para realizar envíos nacionales e internacionales.

Implementación de un Chatbot para Atención al Cliente:

Desarrollo del Chatbot: Colaboraron con una empresa especializada en inteligencia artificial para desarrollar un chatbot personalizado capaz de responder preguntas frecuentes, recomendar productos según las preferencias de los clientes y programar citas para consultas de envíos al por mayor.

Entrenamiento del Chatbot: Capacitaron al chatbot con un conocimiento extenso sobre sus productos, asegurando que pudiera ofrecer respuestas precisas y útiles.

Servicio al Cliente y Soporte:

Capacitación del Personal: El equipo familiar fue capacitado para manejar consultas complejas que el chatbot no pudiera resolver y para proporcionar un servicio al cliente excepcional.

Sistema de Tickets: Implementaron un sistema de seguimiento para gestionar consultas y problemas de clientes de manera eficiente.

Implementación de IA para el Inventario Predictivo:

Análisis de Datos: Comenzaron a recopilar datos sobre ventas históricas y patrones de compra para alimentar un sistema de inteligencia artificial que predice la demanda futura.

Optimización del Inventario: Utilizaron estos datos para optimizar sus niveles de inventario, reduciendo el excedente y evitando la escasez, lo que también ayudó a gestionar mejor la producción de productos frescos y de temporada.

Marketing Digital y Expansión de Mercado:

Redes Sociales y SEO: Desarrollaron una estrategia de marketing digital que incluye una fuerte presencia en redes sociales y optimización en motores de búsqueda (SEO) para aumentar la visibilidad de su tienda en línea.

Campañas Publicitarias: Lanzaron campañas publicitarias segmentadas para atraer nuevos clientes y promover ofertas especiales y lanzamientos de nuevos productos.

Monitoreo y Mejora Continua:

Analítica Web: Utilizaron herramientas de analítica web para monitorear el comportamiento de los usuarios en su sitio y realizar ajustes basados en los datos para mejorar la experiencia del cliente.

Retroalimentación del Cliente: Implementaron un sistema donde los clientes pueden dejar reseñas y sugerencias, ayudando a la empresa a identificar áreas de mejora.

Resultados de la Transformación Digital

Después de un año y medio de implementar estos cambios, "Sabores y Tradiciones" ha logrado expandir su alcance más allá de San Cristóbal de las Casas, captando clientes en todo el país e incluso internacionalmente.

El comercio electrónico ha aumentado significativamente las ventas, y el chatbot ha mejorado la eficiencia en la atención al cliente, liberando tiempo para que el personal se concentre en otras tareas importantes. La implementación de inventarios predictivos ha reducido los costos operativos y optimizado la producción de capital.

A pesar de ser una inversión costosa que requirió varias etapas y mucha dedicación, con determinación y el apoyo de expertos, la empresa logró transformarse. Esta transformación no solo ha asegurado la supervivencia de "Sabores y Tradiciones" sino que también ha sentado las bases para su crecimiento sostenible a largo plazo, posiblemente preservando el negocio para una cuarta generación.

Transformación Digital de una Agencia de Marketing

Estado Inicial: Agencia Tradicional

La agencia de marketing "Creativa" es una empresa familiar ubicada en la Ciudad de México. Fundada hace quince años, la agencia se ha especializado en la creación de campañas publicitarias tradicionales para pequeñas y medianas empresas locales. Aunque han tenido éxito en el pasado, enfrentan desafíos significativos debido a la competencia de agencias más grandes y la creciente demanda de servicios de marketing digital. Los directivos, con experiencia en métodos tradicionales, eran reacios a adoptar nuevas tecnologías.

Pasos para la Transformación Digital

Análisis y Planificación Estratégica:

Evaluación de Necesidades: Los directivos de "Creativa"

reconocieron la necesidad de modernizar su negocio para satisfacer las demandas del mercado y mantenerse competitivos.

Consultoría: Contrataron a una consultora especializada en transformación digital para evaluar su situación actual y definir una hoja de ruta hacia la digitalización.

Implementación de Herramientas de Marketing Digital:

Plataforma de Automatización de Marketing: Eligieron una plataforma como HubSpot para gestionar campañas de marketing digital, automatizar procesos y analizar resultados.

Capacitación del Personal: Capacitaron a su equipo en el uso de nuevas herramientas y técnicas de marketing digital, incluyendo SEO, SEM y gestión de redes sociales.

Desarrollo de un Chatbot de Atención al Cliente:

Desarrollo del Chatbot: Contrataron a una empresa especializada en inteligencia artificial para desarrollar un chatbot que puede responder preguntas frecuentes, proporcionar información sobre servicios y agendar citas con los consultores de marketing.

Entrenamiento del Chatbot: Alimentaron al chatbot con información detallada sobre sus servicios y procesos para que pueda ofrecer respuestas precisas y útiles.

Uso de IA para Análisis de Datos y Optimización de Campañas:

Análisis Predictivo: Implementaron un sistema de inteligencia artificial para analizar datos de campañas anteriores y predecir el rendimiento de futuras campañas.

Optimización de Estrategias: Utilizaron los insights proporcionados por la IA para optimizar las estrategias de marketing y mejorar el retorno de inversión para sus clientes.

Desarrollo de Contenidos y Estrategia de Inbound Marketing:

Creación de Contenidos: Empezaron a producir contenido de alta calidad, incluyendo blogs, videos y webinars, para atraer y educar a potenciales clientes.

Estrategia de Inbound Marketing: Desarrollaron una estrategia de Inbound marketing para atraer clientes a través de contenido valioso y convertirlos en clientes leales mediante una serie de interacciones significativas.

Marketing Digital y Expansión de Mercado:

Redes Sociales y SEO: Desarrollaron una estrategia de marketing digital que incluye una fuerte presencia en redes sociales y la optimización de motores de búsqueda (SEO) para aumentar la visibilidad en línea.

Campañas Publicitarias Segmentadas: Realizaron campañas publicitarias segmentadas para atraer a nuevos clientes y promocionar sus servicios especializados.

Monitoreo y Mejora Continua:

Analítica de Datos: Utilizaron herramientas de analítica de datos para monitorear el rendimiento de las campañas y hacer ajustes basados en datos para mejorar la eficiencia y efectividad.

Retroalimentación del Cliente: Implementaron un sistema de retroalimentación donde los clientes pueden dejar reseñas y sugerencias, ayudando a la agencia a identificar áreas de mejora.

Resultados de la Transformación Digital

Después de 8 meses de implementar estos cambios, "Creativa" ha logrado mejorar significativamente su eficiencia operativa y la calidad de sus servicios, rejuveneciendo totalmente y devolviéndole el Edge que tenía cuando fue fundada. La implementación de herramientas de marketing digital y automatización ha optimizado sus procesos, mientras que la inteligencia artificial ha mejorado la precisión en el análisis de datos y la optimización de campañas.

Transformando de a un Despacho Tradicional en un Despacho 4.0 a "Jurídico y Asociados"

Estado Inicial: Un Despacho Tradicional

En el corazón de Guadalajara, Jalisco, se encuentra "Jurídico y Asociados", un despacho de abogados con más de veinte años de historia. Especializados en derecho corporativo, familiar y penal, han construido una reputación sólida gracias a un equipo de abogados con amplia experiencia y una clientela leal. Sin embargo, los tiempos cambian, y con ellos las expectativas de los clientes y la creciente competencia. Reconocieron la necesidad urgente de modernizarse para no quedarse atrás.

Pasos para la Transformación Digital

Análisis y Planificación Estratégica:

Evaluación de Necesidades: Los socios del despacho se dieron cuenta de que actualizar sus operaciones era fundamental para seguir siendo competitivos y mejorar la experiencia de sus clientes.

Consultoría: Decidieron contar con la ayuda de expertos en transformación digital para que les guiaran en el camino hacia la modernización.

Desarrollo de una Plataforma de Gestión Legal:

Selección de Plataforma: Escogieron Clio, una plataforma conocida por su eficiencia en la gestión de casos, calendarios y documentos.

Implementación y Capacitación: No solo migraron sus archivos a un sistema completamente digital, sino que también se aseguraron de que todo el equipo dominara las nuevas herramientas.

Implementación de un Chatbot de Asistencia Jurídica:

Desarrollo del Chatbot: Involucraron a especialistas en inteligencia artificial para crear un chatbot que pudiera manejar preguntas frecuentes y proporcionar información básica, así como agendar citas.

Entrenamiento del Chatbot: Cargaron el chatbot con una gran cantidad de información legal para garantizar respuestas precisas y útiles.

Servicio al Cliente y Soporte:

Capacitación del Personal: El personal fue entrenado para manejar situaciones complejas que el chatbot no podía resolver, con el objetivo de mantener un servicio al cliente de alta calidad.

Sistema de Tickets: Implementaron un sistema eficiente para el seguimiento de consultas y problemas, garantizando que cada cliente recibiera la atención necesaria.

Implementación de IA para Análisis Predictivo de Casos:

Análisis de Datos: Comenzaron a utilizar datos de casos anteriores para alimentar un sistema de IA capaz de predecir el desenlace de los casos nuevos.

Optimización de Estrategias Legales: Esta tecnología les permitió afinar sus estrategias legales, enfocándose en aquellos aspectos que podrían cambiar el curso de un caso.

Marketing Digital y Expansión de Mercado:

Redes Sociales y SEO: Lanzaron una iniciativa de marketing digital para mejorar su visibilidad en línea.

Campañas Publicitarias: Realizaron campañas específicas para atraer nuevos clientes y promover sus servicios especializados.

Monitoreo y Mejora Continua:

Analítica Web: Usaron herramientas de analítica para monitorear el comportamiento de los usuarios en su sitio web y ajustar la experiencia del cliente.

Retroalimentación del Cliente: Establecieron un sistema donde los clientes podían dejar comentarios, lo que les ayudó a mejorar continuamente.

Resultados de la Transformación Digital

Un año después de estos cambios, "Jurídico y Asociados" no solo ha visto una mejora significativa en la eficiencia operativa y la satisfacción del cliente, sino que también ha fortalecido su posición en el mercado. La gestión de documentos y casos se ha vuelto más fluida, el chatbot ha agilizado el servicio al cliente, y el uso de análisis predictivo ha mejorado el éxito en los casos.

La inversión en tecnología, aunque considerable, ha valido la pena. Gracias al empeño del despacho y el soporte de expertos, "Jurídico y Asociados" ha logrado una transformación que no solo garantiza su supervivencia en un mercado competitivo sino que también sienta las bases para un crecimiento sostenido.

El Campo es 4.0, El caso de la Granja "El Encino"

Estado Inicial: Una Granja Familiar con Tradición

En las fértiles tierras de Aguascalientes se encuentra "El Encino", una granja que ha sido parte de la familia por dos generaciones. Esta granja no sólo ha cultivado la tierra, sino también un legado de producción de leche y deliciosos productos lácteos artesanales, como quesos y yogures. Aunque gozan de una producción robusta y el cariño de clientes locales, se enfrentan a la dura realidad de la competencia de grandes productores y la presión de modernizar sus operaciones para seguir siendo relevantes y rentables en el mercado actual.

Pasos para la Transformación Digital

Análisis y Planificación Estratégica:

Evaluación de Necesidades: La familia detrás de "El Encino" vio la necesidad imperativa de evolucionar y adoptar nuevas tecnologías para ampliar su mercado y mejorar la eficiencia en sus procesos.

Consultoría: Decidieron apoyarse en expertos en digitalización para trazar un camino claro hacia la modernización, asegurando que cada paso fuera medido y efectivo.

Implementación de IoT (Internet de las Cosas):

Sensores de Monitoreo: Instalaron sensores en las vacas para seguir de cerca su salud y productividad, obteniendo datos en tiempo real que transformaron el cuidado animal.

Automatización de Procesos: Adoptaron sistemas automáticos para el ordeño y la alimentación, optimizando cada tarea para garantizar el bienestar animal y la eficiencia operativa.

Plataforma de Gestión Agrícola:

Selección de Plataforma: Se decantaron por FarmLogs, una herramienta que facilita la gestión integral de la granja, desde la salud animal hasta los recursos utilizados.

Implementación y Capacitación: Modernizaron sus registros, capacitando al personal para que se sintieran seguros y competentes en el uso de estas nuevas herramientas digitales.

Implementación de Drones para Supervisión:

Drones para Monitoreo: Emplearon drones para vigilar los pastizales y el bienestar del ganado, permitiéndoles detectar y actuar rápidamente ante cualquier irregularidad.

Análisis de Imágenes: Integraron software de análisis de imágenes que procesa la información recogida por los drones, mejorando significativamente la gestión de la granja.

Uso de IA para Predicciones y Optimización:

Análisis Predictivo: Implementaron inteligencia artificial para analizar patrones de producción pasados y predecir futuros rendimientos, lo cual ha refinado sus estrategias de producción.

Optimización de Recursos: La IA también les ayudó a mejorar la utilización de recursos esenciales como el agua y los fertilizantes, reduciendo costos y fomentando prácticas más sostenibles.

Marketing Digital y Expansión de Mercado:

E-commerce para Productos Lácteos: Iniciaron una tienda en línea que les permite vender sus quesos y yogures directamente a los consumidores, ampliando su mercado mucho más allá de Aguascalientes.

Redes Sociales y SEO: Desarrollaron una presencia online activa y estrategias SEO para hacer más visible su granja en el mundo digital.

Monitoreo y Mejora Continua:

Analítica de Datos: Utilizaron herramientas avanzadas de análisis de datos para supervisar continuamente la eficacia de sus operaciones y ajustar procesos según fuera necesario.

Retroalimentación del Cliente: Establecieron un sistema donde los clientes pueden compartir sus experiencias y sugerencias, proporcionando a la granja información valiosa para seguir mejorando.

Resultados de la Transformación Digital

Tras un año de cambios y mejoras, "El Encino" ha visto una mejora notable en la eficiencia operativa y la sostenibilidad de su producción. La monitorización avanzada con IoT y drones, junto con la inteligencia artificial, han revolucionado la forma en que gestionan sus recursos y su producción. Además, su nueva tienda en línea ha expandido el alcance de sus encantadores productos lácteos.

La inversión en tecnología, aunque significativa, ha demostrado su valor al permitir que "El Encino" no solo sobreviva sino prospere en un entorno competitivo. Esta transformación ha revitalizado la granja, dándole una nueva vida y preparándola para sostener el legado familiar para la próxima generación y más allá.

Transformación Digital de "Plásticos del Norte"

Estado Inicial: Una Fábrica Tradicional en el Corazón de Monterrey

Ubicada en el vibrante Monterrey, Nuevo León, "Plásticos del Norte" es una empresa familiar que ha estado moldeando plástico desde hace treinta años. Se han especializado en crear artículos para la cocina y el jardín, siendo una parte integral de muchos hogares locales. Sin embargo, la creciente competencia de productos importados más baratos ha puesto a prueba su resiliencia. Con una base sólida de clientes fieles pero enfrentándose a la necesidad imperiosa de innovar, la fábrica se vio en la encrucijada de modernizarse o quedarse atrás.

Pasos para la Transformación Digital

Análisis y Planificación Estratégica:

Evaluación de Necesidades: La familia al frente de "Plásticos del Norte" entendió que la modernización no era sólo deseable, sino esencial para su supervivencia y prosperidad.

Consultoría: Se aliaron con expertos en transformación digital para trazar un camino claro hacia una operación más eficiente y competitiva.

Implementación de IoT (Internet de las Cosas):

Sensores de Producción: Instalaron sensores avanzados que permiten monitorear cada detalle del proceso de producción, asegurando una operación sin contratiempos y maximizando la calidad.

Automatización de Procesos: Adoptaron sistemas automatizados para el manejo de materiales y control de calidad, elevando la precisión y minimizando los desperdicios.

Plataforma de Gestión de Producción:

Selección de Plataforma: Escogieron Odoo por su capacidad para integrar la producción, inventarios y pedidos de forma cohesiva.

Implementación y Capacitación: Transformaron su manejo de datos al digitalizar todos sus registros y capacitar al personal en el uso eficiente de esta nueva herramienta tecnológica.

Implementación de un Chatbot de Atención al Cliente:

Desarrollo del Chatbot: Contrataron a desarrolladores de IA para crear un chatbot que atiende preguntas frecuentes y facilita la interacción con el cliente sin demoras.

Entrenamiento del Chatbot: Equiparon al chatbot con información exhaustiva sobre sus productos, permitiéndole ofrecer respuestas informadas y asistencia relevante a los clientes.

Uso de IA para Optimización de Inventarios:

Análisis Predictivo: Emplearon IA para analizar tendencias y patrones de demanda, anticipando las necesidades futuras con precisión.

Optimización de Inventarios: Ajustaron los niveles de inventario usando IA, lo que redujo costos y mejoró la eficiencia en la producción.

Marketing Digital y Expansión de Mercado:

Redes Sociales y SEO: Iniciaron una robusta estrategia de marketing digital, incrementando significativamente su visibilidad online.

Campañas Publicitarias: Lanzaron campañas publicitarias específicas para atraer nuevos clientes y destacar sus productos únicos.

Monitoreo y Mejora Continua:

Analítica de Datos: Utilizaron analíticas avanzadas para evaluar continuamente su desempeño y ajustar operaciones para alcanzar la máxima productividad.

Retroalimentación del Cliente: Establecieron un sistema para que los clientes dejen reseñas y sugerencias, lo cual les ha permitido mejorar constantemente sus productos y la satisfacción del cliente.

Resultados de la Transformación Digital

Un año después de esta ambiciosa transformación, "Plásticos del Norte" ha visto una mejora notable en la eficiencia y la calidad de sus productos. Los sensores y la automatización les permiten un control meticuloso de la producción, mientras que la IA ha refinado la gestión de inventarios y la planificación. El chatbot ha revolucionado su servicio al cliente, liberando al personal para concentrarse en tareas más complejas y estratégicas.

La inversión, si les golpeo la cuenta de banco, pero sin dudas, ha demostrado su valor. Con determinación y la ayuda experta, "Plásticos del Norte" ha renovado no solo sus procesos, sino su compromiso con la adaptabilidad de los nuevos mercados y la innovación, asegurando su lugar en un mercado globalizado y abriendo caminos hacia un futuro más exitoso.

Capítulo XIV
La Preparación para las Generaciones más Jóvenes

La educación de generaciones pasadas, con lo que crecimos, aunque efectiva en muchos casos en su contexto, refleja demasiadas limitaciones cuando se evalúa bajo la lente de los avances tecnológicos y los requerimientos del mercado laboral de hoy, no se diga del futuro.

Tradicionalmente, el sistema educativo se centraba en la transmisión de conocimientos específicos, priorizando la memorización y la repetición sobre habilidades como el pensamiento crítico, la creatividad y la adaptabilidad, que son esenciales en la era moderna. Esto tiene TERRIBLES consecuencias para los profesionistas de hoy.

Otro de los aspectos más criticables de la educación tradicional es su enfoque tieso y uniforme.

Las escuelas tendían a adoptar un modelo "talla única" que no reconocía que existe una diversidad de habilidades, intereses y ritmos de aprendizaje de los estudiantes. Este enfoque dejó a muchos jóvenes mal preparados para adaptarse a un mundo laboral que valora la flexibilidad y la capacidad de aprendizaje continuo por encima del conocimiento estático.

Además, la educación de nuestras generaciones no siempre proporciona una integración efectiva de la tecnología, incluso, nos hace resistentes a ella.

Aunque computadoras y otros dispositivos comenzaron a integrarse en las aulas en las últimas décadas, la alfabetización digital no se ha adoptado como una habilidad fundamental hasta recientemente. Esto ha creado una brecha entre aquellos que tienen acceso y capacidad para utilizar tecnología avanzada y aquellos que no. Lo que marca aún más la disparidad económica, sobre todo en LATAM.

La falta de enfoque en las habilidades blandas es otra deficiencia notable. En el pasado, poco se hacía para fomentar habilidades interpersonales, como la comunicación efectiva y el trabajo en equipo, dejando a muchos estudiantes mal equipados para los entornos colaborativos y culturalmente diversos del mundo moderno.

Mientras que la educación del pasado cumplió su propósito en su momento, es claro que los métodos y prioridades necesitan una revisión significativa para alinearlos con las necesidades actuales y futuras. La crítica no busca desvalorizar esos métodos, sino subrayar la necesidad de evolucionar y adaptar nuestros sistemas educativos para preparar adecuadamente a las generaciones futuras para los desafíos que enfrentarán.

Nuestros hijos se enfrentarán a un mundo aceleradamente transformado por la tecnología y la globalización, en este mundo la educación integral es un sí o sí fundamental para preparar a las futuras generaciones. No solo se trata de impartir conocimientos técnicos, sino de formar jóvenes competentes, creativos y adaptativos, capaces de navegar los retos del mañana y sobre todo algo que pareciera muchos carecen... Sentido Común.

Podemos educar de manera efectiva a las futuras generaciones para asegurar su competitividad en el escenario global.

Importancia de la Educación Integral

La educación integral va más allá del aprendizaje académico de siempre; abarca el desarrollo emocional, social y ético. En la era de la Cuarta Revolución Industrial, no es suficiente saber cómo funcionan las máquinas; los chavos también deben aprender a trabajar en equipos diversos, resolver problemas complejos y pensar críticamente sobre las implicaciones éticas de la tecnología.

Para ello, es fundamental fomentar desde la infancia la curiosidad y la creatividad. Los sistemas educativos deben evolucionar para enseñar a los estudiantes no solo a buscar respuestas, sino a preguntar las preguntas correctas, una habilidad crucial en un mundo donde el cambio es la única constante.

Más allá de las habilidades técnicas específicas, es crucial fomentar la curiosidad, creatividad, y el aprendizaje continuo en los jóvenes. Se enfatiza el amor, respeto y tolerancia hacia los demás, considerando que vivirán en un mundo de cambio constante donde adaptarse será esencial.

Enfoque en la Educación STEM (Science, Technology, Engineering, Math):

Los campos de Ciencia, Tecnología, Ingeniería y Matemáticas (STEM) son esenciales para la base de la innovación y el desarrollo tecnológico futuro. Inculcar un interés en STEM desde temprana edad es crítico. Sin embargo, esta formación debe ser acompañada de una educación en humanidades y artes para promover una visión holística del mundo y fomentar habilidades blandas.

Métodos de Enseñanza Innovadores en STEM

Para captar verdaderamente el interés de los estudiantes y enriquecer su aprendizaje en disciplinas STEM, es esencial que los métodos de enseñanza sean tan dinámicos como las tecnologías que se estudian. Algunas estrategias efectivas incluyen:

Aprendizaje Basado en Proyectos: Los estudiantes participan en proyectos tangibles que demandan una aplicación práctica de sus conocimientos en ciencia y matemáticas, como la construcción de robots o la programación de drones destinados a proyectos de reforestación.

Gamificación: Integrar elementos lúdicos en la enseñanza de STEM para incrementar la motivación y el compromiso de los alumnos. Esto puede abarcar desde competencias matemáticas hasta desafíos de programación y simulaciones interactivas que hacen el aprendizaje más atractivo.

Colaboraciones Interdisciplinarias: Promover proyectos

que incentiven la cooperación entre estudiantes de distintas disciplinas STEM y de áreas como las artes y humanidades. Esta práctica no solo diversifica el aprendizaje, sino que también prepara a los estudiantes para el trabajo colaborativo que enfrentarán en sus futuras carreras.

Recursos y Tecnología en la Educación STEM

Emplear la tecnología educativa más avanzada es esencial para un enfoque STEM eficaz. Herramientas como laboratorios virtuales, software de modelado 3D y plataformas de aprendizaje en línea permiten a los estudiantes investigar conceptos complejos en un entorno interactivo. El uso de realidad aumentada para visualizar estructuras químicas en 3D o simuladores de circuitos electrónicos son ejemplos de cómo la tecnología puede facilitar un aprendizaje seguro y profundo.

Fomentando la Curiosidad y la Perseverancia

Más allá de las habilidades técnicas, es fundamental cultivar en los estudiantes la curiosidad y la perseverancia. Los retos en STEM son inevitables, pero con una mentalidad adecuada, estos pueden verse como oportunidades para crecer e innovar. Programas de mentoría, clubes de ciencia y tecnología, y eventos como ferias de ciencias y hackatones son iniciativas valiosas para mantener a los estudiantes inspirados y activos en su aprendizaje.

Desarrollo de Soft Skills:

Las habilidades blandas, como la adaptabilidad, el pensamiento crítico y la resolución de problemas, son tan importantes como las habilidades técnicas. Estas competencias permiten a los individuos adaptarse a entornos cambiantes y enfrentar desafíos no solamente laborales sino personales y sociales. Programas que integren proyectos grupales, debates y resolución de problemas prácticos pueden ser muy eficaces para desarrollar estas habilidades desde la escuela primaria.

Las habilidades blandas como la comunicación efectiva, el trabajo en equipo, la adaptabilidad y la resolución de problemas se hacen imprescindibles. Estas competencias son esenciales para desenvolverse con éxito en entornos colaborativos, adaptarse a cambios veloces y manejar las complejidades interpersonales y profesionales que la tecnología, por sí sola, no puede abordar.

Integrando Habilidades Blandas en el Plan Educativo

Para fomentar el desarrollo de estas habilidades cruciales, es vital que los sistemas educativos adopten métodos que promuevan el aprendizaje experiencial y colaborativo.

Como papa o mama te recomiendo de veras investigar sobre cómo integrar soft skills en el plan educativo de tus hijos, pero estas son algunas estrategias que considero eficaces:

Aprendizaje Basado en Proyectos (ABP): Este método sitúa a los estudiantes en escenarios reales donde deben colaborar, comunicarse y resolver problemas creativamente. Por ejemplo, podrían trabajar en un proyecto interdisciplinario para diseñar un jardín comunitario utilizando tecnologías de riego eficientes, fomentando así la innovación y la colaboración.

Debates y Simulaciones de Roles: Estas actividades desarrollan habilidades de argumentación, escucha activa y empatía. Imagina a los estudiantes debatiendo sobre temas controvertidos o realizando simulaciones de negociaciones entre empresas ficticias, lo que les brinda la oportunidad de practicar persuasión y negociación en un ambiente seguro y educativo.

Educación Emocional y Social (SEL): Los programas de SEL incorporan actividades que promueven el autoconocimiento, la autogestión, la conciencia social, habilidades relacionales y la toma de decisiones responsables. Incluir prácticas de mindfulness, talleres de gestión emocional y sesiones de coaching grupal puede ser tremendamente beneficioso.

Feedback Continuo y Reflexivo: Establecer un ambiente donde el feedback constructivo sea constante anima a los estudiantes a adoptar una mentalidad de crecimiento y mejora continua. Métodos como las revisiones de pares y autoevaluaciones deberían ser una constante en todas las áreas de estudio.

Tecnologías para el Desarrollo de Habilidades Blandas

La tecnología también desempeña un papel crucial en el desarrollo de estas competencias, ofreciendo plataformas que simulan entornos interactivos y facilitan la comunicación y colaboración, incluso a distancia:

Herramientas de Colaboración en Línea: Plataformas como Slack, Microsoft Teams y Zoom permiten que los estudiantes colaboren en proyectos grupales, comunicándose y gestionando tareas de manera eficiente, sin importar la distancia.

Software de Simulación de Roles y Juegos Serios: Estos programas crean escenarios donde los estudiantes deben tomar decisiones que impactan a otros personajes digitales, fomentando el desarrollo de la empatía y habilidades éticas en la toma de decisiones.

Transformación Tecnológica de la Educación y la importancia del aprendizaje continuo

La educación en línea ha revolucionado el acceso al conocimiento, eliminando muchas barreras geográficas y económicas que tradicionalmente limitaban a muchos a educarse. Plataformas como MITx, Coursera, y edX han jugado un papel fundamental en esta transformación, al proporcionar cursos desde niveles introductorios hasta programas de máster en áreas clave, diseñados por expertos y académicos de prestigiosas instituciones. Estos cursos no solo son accesibles, sino también flexibles, permitiendo a los estudiantes gestionar su aprendizaje alrededor de sus compromisos personales y profesionales.

Aprendizaje Práctico con Plataformas como Platzi y Udemy

Además de los proveedores tradicionales, plataformas como Platzi y Udemy han surgido como herramientas valiosas para adquirir habilidades técnicas específicas rápidamente. Aunque estos cursos no siempre ofrecen certificados avalados por instituciones académicas de renombre, son excepcionales para obtener competencias prácticas en áreas como programación, diseño gráfico, marketing digital y más. Lo que distingue a estas plataformas es su enfoque directo al mercado laboral, proporcionando cursos diseñados para enseñar habilidades demandadas por los empleadores hoy en día.

Consejos para un Aprendizaje en Línea Efectivo

Para maximizar los beneficios de la educación en línea, considera estos consejos:

Establece Metas Claras: Antes de comenzar un curso, define qué esperas lograr. ¿Estás buscando avanzar en tu carrera, cambiar de industria, o simplemente explorar un nuevo interés? Tener un objetivo claro te ayudará a seleccionar los cursos más relevantes y a mantenerte motivado.

Crea un Horario de Estudio Consistente: La flexibilidad de la educación en línea es una ventaja, pero también puede ser un desafío sin autodisciplina. Establecer un horario regular de estudio y adherirse a él puede ayudar a mantener el ritmo y completar el curso.

Participa Activamente: Aprovecha los foros de discusión, las sesiones en vivo y otros recursos interactivos ofrecidos por el curso. Interactuar con otros estudiantes y tutores no solo enriquece tu aprendizaje sino que también expande tu red profesional.

Aplica lo aprendido: Busca maneras de aplicar tus nuevas habilidades en proyectos reales, ya sea en tu trabajo actual, en un proyecto paralelo o como voluntario. Esto no solo refuerza lo aprendido sino que también te proporciona experiencia práctica.

Mantén una Mentalidad de Crecimiento: La educación es un proceso continuo. Cada curso completado debería ser visto como un paso en un viaje de aprendizaje más largo. Después de terminar un curso, evalúa lo que has aprendido y considera qué áreas podrías explorar a continuación.

Importancia del Aprendizaje Continuo

En un mundo donde las habilidades se vuelven obsoletas rápidamente debido a los avances tecnológicos, la educación continua es más crucial que nunca. Adoptar un enfoque proactivo hacia el aprendizaje continuo no solo es esencial para mantenerse competitivo en el mercado laboral, sino también para fomentar un enfoque personal enriquecedor y adaptable ante la vida. Plataformas de aprendizaje en línea son, por lo tanto, no solo recursos educativos, sino también herramientas esenciales para el desarrollo personal y profesional en el siglo XXI.

Alfabetización Informática Desde la Primaria:

Es esencial que la educación de nuestros hijos se adapte para prepararlos para el mundo, la alfabetización informática desde la primaria no es solo un complemento educativo; es una necesidad. O sea, opcional de a fuerzas.

Enseñar a los niños a utilizar una computadora de manera competente va mucho más allá de saber manejar programas y aplicaciones. Significa entender la computadora como una herramienta de poder que, bien utilizada, puede expandir enormemente su conocimiento y sus habilidades. Hoy en día, muchos jóvenes adultos muestran ciertas carencias en este campo, ya que crecieron en una era dominada por dispositivos móviles. Esto llevó a la creencia errónea de que las computadoras estaban quedando obsoletas, siendo reemplazadas completamente por tablets y smartphones. Sin embargo, las computadoras siguen siendo fundamentales en muchos aspectos profesionales y académicos, por lo que es crucial corregir esta percepción desde la educación básica.

Una educación informática integral desde la primaria debería incluir, fundamentalmente, tres pilares: uso competente de la tecnología, educación sobre privacidad y seguridad en línea, y formación en ética digital. El uso competente no se limita a saber operar una computadora, sino también a comprender cómo funciona el software, la lógica básica de la programación y la capacidad de adaptación a nuevos programas y herramientas digitales que están en constante evolución.

Por otro lado, la privacidad y la seguridad en línea son aspectos que cobran especial relevancia en un mundo interconectado. Desde edades tempranas, los niños deben aprender a reconocer los riesgos asociados al uso de internet, incluyendo el manejo seguro de información personal y el discernimiento de fuentes confiables de información. Enseñarles a proteger sus datos personales y a entender las implicaciones de su privacidad en plataformas digitales es fundamental para su seguridad y bienestar.

Finalmente, la ética digital es quizá el pilar más complejo pero igualmente crucial. Este comprende desde el respeto por los derechos de autor y la propiedad intelectual hasta el comportamiento ético en entornos virtuales, incluyendo el respeto por los demás usuarios y la conciencia sobre el impacto de sus acciones en línea. En una era donde la desinformación y el ciberacoso son problemas reales, fomentar una conducta ética en el mundo digital es tan importante como la educación moral en el ámbito físico.

La implementación de estos pilares en la educación primaria requiere de un enfoque multidisciplinario. Los educadores necesitan formación específica para enseñar estas habilidades de manera efectiva. Asimismo, las instituciones educativas deben estar equipadas con la tecnología adecuada para proporcionar a los estudiantes una experiencia de aprendizaje integral y actualizada.

Además, es esencial que los padres y tutores se involucren activamente en la educación digital de sus hijos. Esto incluye desde supervisar su actividad en línea hasta fomentar el diálogo sobre los desafíos y oportunidades que la tecnología presenta. La educación informática es una responsabilidad compartida entre la escuela y el hogar.

En conclusión, la alfabetización informática desde la primaria es un pilar fundamental para preparar a nuestros hijos para los desafíos y oportunidades de la Revolución 4.0. A través de un enfoque que integra habilidades técnicas, conciencia sobre seguridad y una sólida ética digital, estamos no solo ampliando su educación, sino también fortaleciendo su capacidad para navegar y prosperar en un futuro cada vez más digitalizado.

El Valor de la Educación Presencial:

A pesar de los beneficios de la educación en línea, la educación presencial es crucial para el desarrollo integral.

Las escuelas son espacios esenciales para el desarrollo socioemocional, físico y ético.

La clave para una educación eficaz en el futuro no reside solo en adoptar nuevas tecnologías, sino en mantener un equilibrio entre la enseñanza técnica y las habilidades blandas, entre la educación en línea y la presencial. Solo así podemos preparar a las futuras generaciones no solo para que sobrevivan, sino para que prosperen y lideren en un mundo competitivo y constantemente cambiante. Al enfocar nuestros esfuerzos educativos en estas áreas, estamos no solo mejorando las perspectivas de empleo de los jóvenes sino también su capacidad para enfrentar los desafíos éticos y sociales de sus tiempos.

Integración de STEM con Humanidades y Artes

Aunque el enfoque en las disciplinas de Ciencia, Tecnología, Ingeniería y Matemáticas (STEM) es crucial para el desarrollo de habilidades técnicas y analíticas, es igualmente importante su integración con las humanidades y artes para promover una comprensión más completa y empática del mundo. Esta combinación fomenta una visión holística que no solo valora la innovación tecnológica sino también el contexto ético y social en el que se utiliza esta tecnología.

La educación que abarca tanto STEM como humanidades enseña a los estudiantes a pensar críticamente y a resolver problemas complejos con una perspectiva que considera tanto los datos técnicos como los impactos humanos. Por ejemplo, un curso de ética en la ingeniería podría abordar cuestiones como la privacidad de datos y la inteligencia artificial, enseñando a los estudiantes a evaluar las implicaciones de sus trabajos más allá de los meros cálculos y diseños.

Métodos de Enseñanza Innovadores en STEM

Para realmente captar el interés de los estudiantes y mejorar su aprendizaje en las disciplinas STEM, los métodos de enseñanza deben ser tan dinámicos y avanzados como las tecnologías que estos campos emplean. Algunas estrategias incluyen:

Aprendizaje Basado en Proyectos: Esta metodología involucra a los estudiantes en proyectos reales que requieren una aplicación práctica de sus habilidades en ciencia y matemáticas. Por ejemplo, proyectos de construcción de robots o programas de codificación que resuelven problemas reales, como la programación de drones para reforestación o el desarrollo de aplicaciones móviles que promuevan la sostenibilidad ambiental.

Gamificación: Utilizar elementos de juego en la enseñanza de STEM para aumentar el compromiso y la motivación de los estudiantes. Esto puede incluir competencias de matemáticas, desafíos de codificación, y simulaciones interactivas que transforman el aprendizaje en una experiencia más atractiva y menos intimidante.

Colaboraciones Interdisciplinarias: Fomentar proyectos que requieran la colaboración entre estudiantes de diferentes disciplinas STEM, e incluso entre aquellos en campos de las artes y humanidades. Esto no solo enriquece el aprendizaje sino que también imita el entorno de trabajo colaborativo que encontrarán en sus futuras carreras.

Recursos y Tecnología en la Educación STEM

La adopción de la última tecnología educativa es fundamental para un enfoque STEM efectivo. Herramientas como laboratorios virtuales, software de modelado 3D, y plataformas de aprendizaje en línea permiten a los estudiantes explorar conceptos complejos en un entorno interactivo y accesible. Por ejemplo, el uso de realidad aumentada (AR) para visualizar estructuras químicas en tres dimensiones o simuladores de circuitos electrónicos que los estudiantes pueden usar para experimentar y aprender de errores sin el riesgo de dañar componentes físicos.

Fomentando la Curiosidad y la Perseverancia

Más allá de las habilidades técnicas, es esencial inculcar en los estudiantes una actitud de curiosidad y perseverancia. Los desafíos en STEM son inevitables, pero con la mentalidad correcta, los estudiantes pueden aprender a ver estos desafíos como oportunidades para el crecimiento y la innovación. Programas de mentoría, clubes de ciencias y tecnología, y eventos como ferias de ciencias y hackatones son excelentes maneras de mantener a los estudiantes comprometidos y motivados.

Uniendo STEM con Humanidades y Artes

Aunque centrarse en las disciplinas de Ciencia, Tecnología, Ingeniería y Matemáticas (STEM) es vital para desarrollar habilidades técnicas y analíticas, es igual de crucial integrar estas áreas con las humanidades y artes. Este enfoque holístico no solo pone en valor la innovación tecnológica sino también considera el contexto ético y social donde se aplica dicha tecnología.

Incorporar tanto STEM como humanidades en la educación impulsa a los estudiantes a pensar de manera crítica y a enfrentar problemas complejos desde una perspectiva que equilibra los datos técnicos con los impactos humanos, hoy en día el mayor crimen en la educación de nuestros hijos es hacerlos pensar dentro de la cajita.

Por ejemplo, un curso sobre ética en ingeniería podría explorar temas como la privacidad de los datos y la inteligencia artificial, preparando a los estudiantes para reflexionar sobre las consecuencias de sus acciones más allá de cálculos y diseños.

Capítulo XV

Gobiernos 4.0

El gobierno digital está cambiando completamente la manera en que se manejan los servicios públicos y nuestra interacción con ellos. Imagina que ahora, gracias a la inteligencia artificial y otras tecnologías, podemos hacer en minutos trámites que antes tomaban meses. Esto no solo agiliza las cosas, sino que también hace que el gobierno sea más abierto y eficiente, mejorando así la confianza de las personas en él.

Pero adoptar esta nueva forma de gobierno viene con sus desafíos. Por ejemplo, hay que cuidar mucho la seguridad de nuestra información personal y encontrar un balance justo entre la privacidad y la supervisión del Estado para que la tecnología no termine siendo una herramienta invasiva.

En este nuevo contexto, impulsado por lo que llamamos la Revolución Industria 4.0, es crucial que los gobiernos no solo usen tecnología, sino que lideren en adaptar la educación a estas nuevas realidades. Esto significa que deben actualizar los planes de estudio para incluir habilidades esenciales como la programación, el análisis de datos y la robótica, pero también fomentar habilidades como el pensamiento crítico y la creatividad.

Es vital también que los gobiernos inviertan en capacitar a los maestros continuamente. Ellos deben saber cómo incorporar efectiva y éticamente estas tecnologías en la educación.

Finalmente, debe haber una colaboración estrecha entre la educación y el gobierno digital. Las políticas deben asegurarse de que todos, sin importar dónde vivan o su situación económica, tengan acceso a estas nuevas oportunidades educativas. Esto incluye mejorar las infraestructuras de las escuelas y preparar a los estudiantes no solo para el mercado laboral, sino para que sean ciudadanos conscientes y constructivos en esta nueva era digital.

Las 5 herramientas de Gobierno Digital más útiles y accesibles.

Sistemas de Gestión de Identidad Digitales

Los sistemas de gestión de identidad digital permiten a los ciudadanos acceder a servicios gubernamentales en línea de manera segura, usando identificaciones únicas. Estonia es un líder en este ámbito con su sistema de e-Residency, que proporciona una identidad digital segura para realizar negocios en línea. Este tipo de herramientas es fundamental para facilitar la interacción digital entre ciudadanos y gobierno, asegurando al mismo tiempo la seguridad y la privacidad de la información personal.

Plataformas de Gobierno Electrónico

Las plataformas de gobierno electrónico (e-Gobierno) son sistemas integrales que permiten a los ciudadanos realizar trámites gubernamentales en línea, como declaraciones de impuestos, registro de empresas, y solicitud de documentos personales. Estas plataformas mejoran la eficiencia, reducen los costos operativos y aumentan la transparencia. Singapur y Dinamarca, por ejemplo, son reconocidos por sus avanzados sistemas de e-Gobierno, que ofrecen una amplia gama de servicios públicos en línea.

Sistemas de Gestión de Datos y Analítica

La capacidad para recolectar, almacenar y analizar grandes volúmenes de datos es esencial para la toma de decisiones basada en evidencia. Los sistemas de gestión de datos y herramientas de analítica permiten a los gobiernos procesar información sobre todo, desde el tráfico y la criminalidad hasta patrones de enfermedades, facilitando una planificación más eficaz y respuestas más rápidas a crisis. Herramientas como Hadoop y plataformas de análisis predictivo están siendo utilizadas para este fin.

Plataformas de Acceso a Datos Gubernamentales

Estas plataformas proporcionan acceso sin precedentes a una amplia gama de datos e información gubernamental, desde presupuestos y gastos hasta contrataciones públicas y registros de actividad legislativa. La información se comparte en formatos reutilizables y fáciles de entender, como hojas de cálculo, PDFs interactivos y bases de datos, lo que facilita su análisis y difusión.

Sistemas de Alerta para Emergencias

La gestión eficiente de emergencias es crítica para la seguridad pública. Los sistemas modernos de respuesta y gestión de emergencias utilizan tecnologías como el GIS (Sistemas de Información Geográfica), drones, y aplicaciones móviles para monitorear situaciones de crisis en tiempo real, coordinar respuestas y comunicar información vital a los ciudadanos. Por ejemplo, plataformas como el Sistema Integrado de Información de Alerta Temprana (SIAT) en varios países ayudan a prevenir y responder a desastres naturales, como el Emergency Broadcast System de Estados Unidos.

4 Países que han Implementado Estrategias de Herramientas de Gobierno Digital

Estonia: Un Faro de Gobernanza Digital

Desde el lanzamiento de su programa de e-Residencia en 2014, Estonia se ha consolidado como un líder en la esfera de la gobernanza digital. Esta iniciativa innovadora permite a emprendedores de todo el mundo establecer y operar negocios dentro de la Unión Europea completamente en línea, eliminando la necesidad de estar físicamente presentes en Estonia. A mediados de 2023, el programa había generado un impacto económico significativo, aportando €37.7 millones en ingresos fiscales, un aumento del 57% respecto al año anterior. Este éxito subraya la posición de Estonia no solo como un centro digital, sino también como un imán para la inversión extranjera y la actividad empresarial. Con más de 105,500 personas de 176 países participando, y más de 27,000 empresas establecidas, el programa de e-Residencia de Estonia es un ejemplo brillante de cómo la tecnología puede fomentar un crecimiento económico inclusivo y sostenible.

Singapur: Pioneros en la Visión de una Nación Inteligente

La estrategia de Singapur, conocida como Smart Nation, encarna un enfoque comprensivo hacia la mejora de los resultados sociales y económicos mediante el uso de tecnologías digitales. Un elemento central de esta estrategia es SingPass, un sistema que ofrece acceso a más de 1,400 servicios gubernamentales en línea. Este esfuerzo se complementa con iniciativas como HealthHub, que permite a los ciudadanos gestionar su salud de manera proactiva al proporcionar acceso fácil a sus registros médicos en línea. Al integrar tecnologías avanzadas en aspectos cotidianos de la vida, desde la salud hasta el transporte, Singapur no solo facilita la vida diaria de sus ciudadanos, sino que también establece un modelo global para la digitalización gubernamental efectiva.

Uruguay: Avanzando en la Educación Digital y Acceso Universal

Uruguay ha hecho notables progresos en la incorporación de tecnología en la educación a través del Plan Ceibal. Este plan asegura que cada estudiante y profesor en las escuelas públicas tengan acceso a una computadora portátil, fomentando la integración de herramientas digitales en el proceso educativo. Parte de una agenda más amplia que incluye el desarrollo de infraestructura de internet de alta velocidad a nivel nacional y plataformas digitales que elevan la calidad educativa, Uruguay también ha implementado un sistema nacional de historias clínicas electrónicas, demostrando su compromiso con la mejora de los servicios públicos a través de la digitalización.

Kenia: Revolucionando la Inclusión Financiera con Tecnología Digital

Kenia ha visto avances significativos en el gobierno digital, especialmente a través de plataformas como M-Pesa, un servicio de dinero móvil que ha transformado la economía del país. M-Pesa facilita una variedad de transacciones, desde transferencias de dinero hasta pagos de servicios gubernamentales, convirtiéndose en un componente esencial de la vida diaria para muchos kenianos. Además, el portal e-Citizen permite a los ciudadanos acceder a una amplia gama de servicios públicos en línea, como la solicitud de pasaportes y licencias de conducir. Kenia también está trabajando para aumentar la conectividad a internet en áreas rurales, asegurando que más ciudadanos puedan aprovechar los servicios digitales.

Un Futuro Digital Inclusivo y Sostenible

Estos ejemplos de Estonia, Singapur, Uruguay y Kenia no sólo muestran el poder transformador de las estrategias digitales gubernamentales, sino que también ofrecen lecciones valiosas sobre cómo la tecnología puede ser utilizada para mejorar la prestación de servicios, estimular la actividad económica y fomentar una participación cívica más amplia. Adaptando sus enfoques a las necesidades y contextos nacionales específicos, estos países lideran el camino hacia un futuro más conectado y digitalmente avanzado, pero no todo es color rosa, los gobiernos enfrentan desafíos complejos para implementar estas políticas.

Desafíos de los Gobiernos en la Implementación de Estrategias de Herramientas Digitales

Los gobiernos de todo el planeta enfrentan el reto de integrar tecnologías avanzadas para mejorar la eficiencia y accesibilidad de sus servicios. Sin embargo, la transición hacia una gobernanza digital no está exenta de obstáculos. Desde problemas técnicos hasta cuestiones de seguridad y privacidad, pasando por desafíos culturales y socioeconómicos, los gobiernos deben superar una serie de barreras para hacer realidad sus ambiciones digitales.

Estos son solo algunos de ellos:

1. Infraestructura Tecnológica Adecuada

Uno de los principales desafíos es la creación y mantenimiento de una infraestructura tecnológica robusta que pueda soportar la digitalización de los servicios gubernamentales. Esto implica no solo una inversión significativa en hardware y software, sino también en la red de telecomunicaciones que debe ser capaz de manejar un volumen alto de tráfico y almacenar grandes cantidades de datos de manera segura. Por ejemplo, en países en desarrollo, la falta de conectividad a internet en áreas rurales puede limitar gravemente la eficacia de los programas digitales.

2. Seguridad, Privacidad y Sesgos en Datos

Otro desafío crucial es garantizar la seguridad y privacidad de los datos. A medida que los gobiernos recopilan y almacenan más información personal a través de sus plataformas digitales, se vuelven más susceptibles a los ciberataques y las filtraciones de datos. El riesgo se incrementa con el uso de tecnologías emergentes como la inteligencia artificial y el aprendizaje automático, que procesan grandes volúmenes de datos a una escala sin precedentes. La implementación de estándares de seguridad robustos y el cumplimiento de las regulaciones de privacidad son esenciales para proteger a los ciudadanos y mantener su confianza en el gobierno.

Además, un problema inherente a la IA es el riesgo de sesgos en los algoritmos, que pueden perpetuar o incluso exacerbar desigualdades preexistentes. Los sesgos pueden surgir de los datos utilizados para entrenar algoritmos, que si no son suficientemente representativos o si contienen prejuicios históricos, pueden llevar a resultados discriminatorios. Esto es especialmente crítico en aplicaciones gubernamentales que afectan la vida de las personas, como en la justicia penal, la asignación de servicios y la vigilancia. Abordar estos sesgos requiere una vigilancia constante, pruebas rigurosas y una regulación adecuada.

3. Brecha Digital y Acceso Equitativo

La brecha digital entre quienes tienen acceso a tecnologías digitales y quienes no, representa un gran desafío para los gobiernos. Esta brecha no solo se manifiesta entre diferentes regiones geográficas, sino también entre diversos grupos socioeconómicos dentro de un mismo país. Los gobiernos deben asegurar que la digitalización no excluya a los ciudadanos de bajos ingresos o a aquellos en áreas remotas, quienes tal vez no tengan fácil acceso a la tecnología. Proveer capacitación y recursos tecnológicos necesarios es fundamental para garantizar un acceso equitativo a los servicios digitales.

4. Resistencia al Cambio

La resistencia al cambio por parte de las instituciones y los individuos puede obstaculizar significativamente los esfuerzos de digitalización. A menudo, los empleados públicos acostumbrados a métodos tradicionales pueden ser reacios a adoptar nuevas tecnologías, por temor a que estas puedan complicar sus rutinas o amenazar sus empleos. Además, en algunas culturas, puede haber un escepticismo generalizado hacia lo digital, lo que puede resultar en una baja adopción de los servicios ofrecidos. Educar y capacitar tanto a los empleados del gobierno como al público general es crucial para mitigar estos temores y fomentar una transición suave hacia las operaciones digitales.

5. Sostenibilidad Financiera

La sostenibilidad financiera de los proyectos de digitalización es otro desafío importante. Implementar y mantener tecnologías digitales puede requerir una inversión considerable, y no todos los gobiernos tienen los recursos necesarios para financiar estos proyectos a largo plazo. Además, la rápida evolución de la tecnología requiere actualizaciones y mejoras constantes, lo que puede aumentar aún más los costos. Encontrar modelos de financiamiento sostenibles y coste-efectivos es vital para que los proyectos de digitalización sean exitosos a largo plazo.

6. Cooperación Intersectorial

La implementación efectiva de herramientas digitales

gubernamentales también requiere una cooperación y coordinación intersectorial, lo que a menudo puede ser complicado por la burocracia y los silos institucionales. La integración de diferentes sistemas y departamentos puede ser un proceso lento y laborioso, pero es esencial para proporcionar una experiencia sin fisuras a los ciudadanos. Promover una cultura de colaboración y transparencia entre diferentes sectores y niveles de gobierno es fundamental para superar estos desafíos burocráticos.

Capítulo XVI
Polos Tecnológicos

Imagina un continente donde cada ciudad se transforma en un centro vibrante de innovación, donde las conversaciones en cafeterías, parques y oficinas giran en torno a las últimas tecnologías y cómo estas pueden mejorar nuestras vidas. No estamos hablando de un futuro lejano. Estamos en el umbral de esta realidad gracias a la Revolución 4.0, que está redefiniendo la forma en que las empresas operan, innovan y compiten a nivel global.

La Importancia de la Colaboración

Para que este futuro prometedor se convierta en realidad, es esencial que el sector privado y los gobiernos trabajen juntos. Las empresas aportan la chispa de la innovación con sus ideas, capital y experiencia técnica. Por otro lado, los gobiernos proporcionan el marco regulatorio, la infraestructura esencial y los incentivos necesarios para nutrir y sostener estos ecosistemas de innovación. Esta sinergia es el suelo fértil en el que pueden prosperar tanto startups emergentes como empresas ya establecidas.

No tenemos que mirar muy lejos para encontrar ejemplos de esta colaboración exitosa. Silicon Valley en Estados Unidos y Zhongguancun en China son testimonios de cómo una colaboración efectiva entre todos los actores del ecosistema puede impulsar la economía regional y posicionar a una región como líder mundial en innovación. América Latina, con su rica diversidad y potencial, está idealmente posicionada para replicar estos éxitos. Sin embargo, lograrlo requerirá un compromiso serio y coordinado.

Un Tesoro de Recursos: Talento y Energía Renovable

América Latina no solo es rica en belleza natural y cultura, sino también en recursos humanos y energéticos. Tenemos una población joven y dinámica, con muchos profesionales altamente capacitados en campos como desarrollo de software, ciberseguridad, inteligencia artificial y ciencia de datos. Este capital humano es una base sólida sobre la cual se pueden construir polos tecnológicos potentes.

Además, nuestra región posee un potencial significativo en energías renovables. Países como Brasil, Chile y México son bendecidos con recursos naturales abundantes que pueden generar energía solar, eólica e hidroeléctrica. Esta combinación de un sector tecnológico en crecimiento y la disponibilidad de energía limpia y sostenible puede posicionar a América Latina como líder global en sostenibilidad e innovación tecnológica.

Impacto Económico Transformador

El establecimiento de polos tecnológicos en América Latina no solo es una oportunidad, es una necesidad para catalizar una verdadera explosión económica en el siglo XXI.

Estos centros pueden atraer inversiones significativas tanto nacionales como internacionales, crear empleos bien remunerados y fomentar la creación de una miríada de nuevas empresas. Más aún, la diversificación económica que acompaña al desarrollo tecnológico puede disminuir la dependencia de la región en industrias tradicionales, que son vulnerables a las fluctuaciones económicas.

Modelos a Seguir

Mirando ejemplos como el Distrito 22@ en Barcelona y el "Silicon Wadi" en Israel, vemos cómo los polos tecnológicos pueden revitalizar economías locales, mejorar la infraestructura y elevar la calidad de vida.

América Latina, con su mezcla única de desafíos y oportunidades, puede seguir estos modelos para lograr un crecimiento económico sostenible y equitativo.

Imagina a México... Al Frente de la Transformación

En particular, México presenta una oportunidad dorada para liderar esta transformación. Con su población joven y un creciente número de profesionales capacitados en tecnologías avanzadas, junto con un impresionante potencial en energías renovables, México está en una posición única para convertirse en una potencia tecnológica. La clave será la colaboración entre el gobierno y la iniciativa privada para establecer las condiciones adecuadas que favorezcan este desarrollo.

Crear incentivos fiscales atractivos, invertir en infraestructura de última generación, y fomentar una cultura de innovación y emprendimiento son pasos cruciales.

Además, es vital que las políticas públicas apoyen la educación y capacitación continua en tecnologías emergentes, asegurando así un flujo constante de talento calificado.

Ventajas de Contar con un Polo Tecnológico

Imagina que tu ciudad se transforma en un centro de innovación, donde cada café, parque y oficina bulle de ideas y proyectos nuevos. Esto no es solo una fantasía; es lo que puede pasar cuando un estado decide apostar por un polo tecnológico. Aquí te cuento qué cambios podrías empezar a ver en tu comunidad.

Un Empujón a la Economía Local

La cosa es simple: donde hay tecnología, hay dinero. Las empresas grandes y las startups que llegan al polo no sólo traen sus ideas brillantes, sino también inversiones que se traducen en trabajos mejor pagados y más oportunidades para todos. Y no solo hablamos de trabajos para genios de la computación o ingenieros. Desde el marketing hasta la administración, la diversidad de empleos que se crean puede revitalizar la economía de cualquier ciudad.

Innovación y Competencia Sana

Cuando tienes un montón de mentes creativas en un solo lugar, la magia sucede. Las empresas y los centros de investigación que se instalan en el polo comparten conocimientos y tecnologías, lo que acelera la innovación. Además, esta dinámica pone a nuestro estado en el mapa global, atrayendo aún más inversiones y talento. ¿El resultado? Nos volvemos más competitivos tanto a nivel nacional como internacional.

Mejoras en la Infraestructura

Para que todo este sueño funcione, se necesita una infraestructura de punta. Esto significa más que solo buen internet. Hablamos de mejor transporte público, servicios más eficientes y hasta nuevos parques y áreas recreativas. Y lo mejor de todo es que estos beneficios no son exclusivos para los trabajadores del sector tecnológico; toda la comunidad se beneficia.

Educación y Oportunidades para Todos

Con un polo tecnológico cerca, las universidades y colegios técnicos suelen actualizar sus programas para preparar a los estudiantes para estos nuevos trabajos. Además, las mismas empresas ofrecen capacitaciones para que nadie se quede atrás. Esto no solo prepara a la futura fuerza laboral, sino que también ayuda a retener talento en la zona, evitando que los más capacitados sientan la necesidad de emigrar en busca de oportunidades.

Un Sentido de Comunidad

Un polo tecnológico también puede ser un centro de vida comunitaria. La cercanía fomenta la colaboración no sólo entre empresas, sino con toda la comunidad. Seminarios, talleres y ferias de tecnología se vuelven comunes, creando un ambiente donde todos pueden aprender y participar. Además, este tipo de entornos promueve un fuerte sentido de comunidad y pertenencia.

Un Compromiso con el Futuro

Y no olvidemos la sostenibilidad. Muchos polos tecnológicos ahora integran prácticas ecológicas desde su diseño hasta su operación diaria. Esto no solo ayuda al planeta, sino que también nos posiciona como líderes en responsabilidad ambiental, algo de lo que todos podemos estar orgullosos.

Diversificación Económica

Por último, un polo tecnológico ayuda a diversificar la economía. Esto significa que no dependemos de una sola industria y estamos mejor preparados para enfrentar cualquier crisis económica que pueda venir. Con un sector tecnológico fuerte, la economía local es más resiliente y prometedora.

Un polo tecnológico no es solo un centro de trabajo; es un motor de cambio que puede mejorar nuestra economía, educación, comunidad y entorno. ¿Te imaginas los beneficios que esto traería a nuestro estado?

Cómo los Polos Tecnológicos están Revolucionando las Economías Locales

Piensa en Silicon Valley, no solo como el lugar donde nacen las empresas que dominan el mundo tecnológico, sino como un gigantesco motor que transforma todo a su alrededor. Algo similar está ocurriendo en otros rincones del planeta, y hoy quiero contarte cómo estos centros de innovación están cambiando las ciudades y la vida de las personas que viven en ellas.

Silicon Valley: Mucho Más que Tech

Cuando hablamos de Silicon Valley, lo primero que se nos viene a la mente son gigantes tecnológicos como Google y Apple. Pero, ¿sabías que su influencia va mucho más allá de la tecnología? La vida en California ha cambiado por completo gracias a esta región, transformándose en múltiples aspectos que van desde la economía local hasta la vida diaria de sus residentes. Los empleos bien remunerados son ahora más accesibles y hay un auge en sectores como la educación y el inmobiliario, lo que ha elevado la calidad de vida de manera notable. Para entender cómo Silicon Valley ha llegado a tener este impacto tan profundo, es importante explorar su historia y evolución.

La Historia de Silicon Valley

Silicon Valley no siempre fue el epicentro de la innovación tecnológica global. Su transformación comenzó a mediados del siglo XX, pero sus raíces se remontan aún más atrás. En el siglo XIX, el área que hoy conocemos como Silicon Valley era predominantemente agrícola, con una fuerte presencia en la producción de frutas y verduras. Sin embargo, todo empezó a cambiar con el auge de la tecnología de la radio en los años 30 y 40.

En la década de 1930, un joven llamado William Shockley, quien eventualmente se convertiría en uno de los "padres" de Silicon Valley, se mudó al área. Shockley, junto con John Bardeen y Walter Brattain, inventó el transistor en 1947, una innovación que eventualmente ganó el Premio Nobel de Física. Este pequeño dispositivo sería fundamental para el desarrollo de la electrónica moderna. Shockley fundó Shockley Semiconductor Laboratory en Mountain View en 1956, atrayendo a talentos brillantes y sembrando las semillas de la industria de semiconductores en la región.

No obstante, la verdadera explosión tecnológica ocurrió en los años 70 y 80. Empresas como Intel, fundada por Gordon Moore y Robert Noyce, comenzaron a emerger, aprovechando los avances en la tecnología de semiconductores. Noyce, junto con otros ocho ingenieros de Shockley Semiconductor, formó Fairchild Semiconductor, que jugó un papel crucial en el desarrollo de circuitos integrados. Este período también vio el nacimiento de otras empresas pioneras como Hewlett-Packard, que inicialmente se centraba en la fabricación de equipos electrónicos.

El término "Silicon Valley" fue acuñado en 1971 por el periodista Don Hoefler en un artículo para la revista Electronic News, refiriéndose a la concentración de empresas de semiconductores y tecnología en el Valle de Santa Clara. La presencia de la Universidad de Stanford también fue crucial.

Bajo el liderazgo de Frederick Terman, conocido como el "padre de Silicon Valley", Stanford promovió la colaboración entre academia e industria, lo que llevó a la creación de numerosas startups tecnológicas.

Impacto en la Economía y el Empleo

La evolución de Silicon Valley en un centro tecnológico no solo atrajo a empresas de todo el mundo, sino que también transformó la economía local. Los empleos bien remunerados en tecnología se multiplicaron, y con ellos, la oportunidad para que muchas personas mejoraran su nivel de vida. Empresas como Google, fundada en 1998 por Larry Page y Sergey Brin, y Apple, cofundada en 1976 por Steve Jobs, Steve Wozniak y Ronald Wayne, se convirtieron en gigantes globales, empleando a miles de personas y generando millones de dólares en ingresos.

Estos empleos no solo están limitados a los ingenieros y científicos. La necesidad de servicios de soporte, marketing, ventas y recursos humanos también ha crecido, proporcionando oportunidades laborales para una amplia gama de habilidades y antecedentes. Como resultado, la región ha visto un aumento en el ingreso promedio, atrayendo a profesionales de todo el país y del mundo.

Educación y Formación

El auge de Silicon Valley también ha tenido un impacto profundo en el sector educativo. La alta demanda de habilidades tecnológicas ha llevado a un aumento en los programas educativos enfocados en STEM (Ciencia, Tecnología, Ingeniería y Matemáticas). Universidades locales como Stanford y UC Berkeley están a la vanguardia, ofreciendo programas avanzados y colaborando estrechamente con la industria para asegurarse de que sus currículos estén alineados con las necesidades del mercado.

Además, han surgido numerosos programas de formación y bootcamps de codificación que ofrecen a las personas la oportunidad de adquirir rápidamente habilidades en áreas de alta demanda como desarrollo de software, inteligencia artificial y ciberseguridad. Estos programas han hecho que las carreras tecnológicas sean más accesibles para una mayor variedad de personas, contribuyendo a la diversificación del talento en la industria.

Sector Inmobiliario y Calidad de Vida

El éxito económico de Silicon Valley ha tenido un efecto dominó en el sector inmobiliario. La alta demanda de viviendas ha llevado a un auge en la construcción y al aumento del valor de las propiedades. Aunque esto ha presentado desafíos, como la asequibilidad de la vivienda, también ha impulsado el desarrollo de infraestructuras y servicios comunitarios.

Áreas que antes eran consideradas rurales o suburbanas han experimentado un crecimiento significativo, transformándose en prósperos barrios residenciales y comerciales. Ciudades como Palo Alto, Mountain View y Cupertino son ahora centros neurálgicos de actividad, con excelentes escuelas, parques y servicios públicos. El aumento en la calidad de vida ha hecho que Silicon Valley no solo sea un lugar atractivo para trabajar, sino también para vivir y criar una familia.

Transformación Social y Cultural

Silicon Valley también ha sido un crisol de cambio social y cultural. La afluencia de personas de diversas partes del mundo ha creado una comunidad vibrante y diversa. Esta diversidad ha sido clave para la innovación, ya que aporta una variedad de perspectivas y enfoques a la resolución de problemas. Además, la cultura de Silicon Valley, que valora el riesgo, el emprendimiento y la disrupción, ha inspirado a generaciones de empresarios a desafiar el status quo y buscar nuevas soluciones.

El impacto cultural de Silicon Valley también se ve en la manera en que ha cambiado nuestras vidas cotidianas. La tecnología desarrollada en esta región ha transformado la forma en que nos comunicamos, trabajamos y nos entretenemos. Desde las redes sociales y los motores de búsqueda hasta los dispositivos inteligentes y las aplicaciones móviles, la influencia de Silicon Valley está presente en casi todos los aspectos de nuestra vida diaria.

Retos y Futuro de Silicon Valley

A pesar de sus muchos éxitos, Silicon Valley enfrenta desafíos significativos. La alta demanda de vivienda ha llevado a una crisis de asequibilidad, y el tráfico y la congestión son problemas constantes. Además, la región debe abordar cuestiones de equidad e inclusión para asegurar que los beneficios del crecimiento tecnológico se distribuyan de manera más equitativa.

El futuro de Silicon Valley dependerá de su capacidad para adaptarse y evolucionar. Esto incluye no solo continuar siendo un centro de innovación tecnológica, sino también abordar los desafíos sociales y económicos de manera integral. La sostenibilidad y el desarrollo urbano inteligente serán claves para mantener el atractivo y la viabilidad de la región a largo plazo.

Silicon Wadi: El Desierto Florece con Tecnología

En Israel, Silicon Wadi ha transformado un área desértica en un oasis de tecnología, poniendo al país en el mapa mundial como un centro de innovación, especialmente en ciberseguridad y tecnologías agrícolas. Imagina jóvenes emprendedores y científicos de todo el mundo llegando aquí, atraídos por la promesa de hacer realidad sus ideas más audaces.

Distrito 22@: De Zona Industrial a Tecnológica

Barcelona nos muestra una historia de transformación con el Distrito 22@. Lo que antes eran fábricas y almacenes en desuso, ahora son oficinas modernas y laboratorios de investigación. Esta renovación no solo ha traído tecnología a la ciudad, sino que ha rejuvenecido toda la zona, atrayendo a nuevos residentes y mejorando la infraestructura urbana.

Bengaluru: El Silicon Valley de India

En Bengaluru, la historia es de crecimiento vertiginoso. La ciudad es un imán para las mentes tecnológicas de toda India, creando una comunidad vibrante donde la innovación es el pan de cada día. No es solo un lugar para trabajar; es un lugar donde las nuevas ideas se encuentran con oportunidades ilimitadas, impulsando otras áreas como la vivienda y la educación.

Zhongguancun: El Poder Tecnológico de China

Finalmente, Zhongguancun en Beijing, muestra cómo la tecnología puede transformar una ciudad entera. Con empresas de la talla de Baidu y Lenovo liderando el camino, la zona se ha convertido en un centro de innovación que atrae talento y capital no solo de China, sino de todo el mundo. La colaboración entre universidades y empresas es constante, empujando los límites de lo posible.

Un Efecto Dominó

Lo increíble de los polos tecnológicos no es solo el impacto directo en la economía y el empleo, sino cómo cambian la vida cotidiana de todos. Estos lugares son mucho más que conglomerados de empresas; son comunidades vibrantes que fomentan la educación, la sostenibilidad y una mejor calidad de vida. Son, sin duda, los motores de nuestro futuro.

Para transformar una ciudad en un polo tecnológico en América Latina, el proceso debe ser transexenal, trascendiendo los ciclos políticos y enfocándose en el fortalecimiento sostenible de la región. Es vital que esta iniciativa sea vista como un proyecto de largo plazo que requiere la colaboración continua de gobiernos sucesivos, independientemente de sus afiliaciones políticas.

La clave es establecer un marco institucional sólido y apolítico que garantice la continuidad de las políticas y proyectos tecnológicos. Esto incluye la creación de agencias o comités independientes dedicados exclusivamente a la innovación y el desarrollo tecnológico, que operen con transparencia y cuenten con el respaldo de leyes y regulaciones que aseguren su permanencia.

Además, es crucial involucrar a todas las partes interesadas desde el inicio: sector privado, universidades, sociedad civil y organizaciones internacionales. Esta colaboración intersectorial puede ayudar a mantener el enfoque en objetivos comunes de crecimiento económico y bienestar social, más allá de las ambiciones políticas personales.

Lo hermoso de esto es que, a pesar de que al principio sea difícil, es como una bola de nieve, entre más grande sea la bola más nieve se pega al rodar.

Al priorizar la visión compartida de convertir la región en un hub tecnológico, y al garantizar que los esfuerzos y recursos se alineen con este objetivo a largo plazo, se puede asegurar un impacto positivo duradero que beneficie a la comunidad en su totalidad.

Por eso, como empresarios debemos de unirnos y aliarnos con las instituciones gubernamentales para potenciar a nuestras ciudades y estados como polos tecnológicos, recordemos, los grandes cambios vienen de la iniciativa privada.

Transformar Ciudades en Polos Tecnológicos

Transformar una ciudad en un polo tecnológico es una tarea monumental que demanda la colaboración de diversos actores y la implementación de una estrategia integral y bien planificada. Este proceso no solo implica invertir en infraestructura tecnológica y fomentar la innovación, sino también abordar aspectos críticos como la educación, las políticas públicas, y la sostenibilidad.

Las empresas privadas, especialmente aquellas centradas en tecnologías emergentes, tienen la capacidad de identificar oportunidades de innovación dentro de la Industria 4.0. Pueden proporcionar insights sobre tendencias tecnológicas, necesidades del mercado y áreas con alto potencial de crecimiento que son esenciales para el desarrollo de polos digitales.

Las universidades y centros de formación juegan un papel fundamental en la preparación del talento necesario para los polos digitales. La creación de programas de estudio enfocados en tecnologías emergentes, como inteligencia artificial, big data, ciberseguridad e IoT, es esencial para preparar a la próxima generación de profesionales. Otro aspecto importante es la transferencia de tecnología y la comercialización de innovaciones desarrolladas en entornos académicos. Las universidades pueden facilitar la creación de spin-offs y la concesión de licencias de tecnologías emergentes a empresas, especialmente pymes que buscan adoptar tecnologías

Espero que los gobiernos puedan tomar estos pasos clave junto con la iniciativa privada para transformar a las ciudades de LATAM en centros de innovación tecnológica.

1. Establecimiento de una Visión y Estrategia Clara

1.1 Definir la Visión

El primer paso hacia la transformación de una ciudad en un polo tecnológico es definir una visión clara y ambiciosa. Esta visión debe orientar todos los esfuerzos y ser compartida por todas las partes interesadas, incluyendo gobiernos, empresas, universidades y ciudadanos. Una visión efectiva se centra en la innovación, la sostenibilidad y el crecimiento económico. Por ejemplo, una ciudad podría aspirar a convertirse en un líder mundial en tecnologías verdes, en un centro de desarrollo de inteligencia artificial o quizás en el líder regional en tecnología financiera

1.2 Desarrollo de una Estrategia Integral

Para alcanzar la visión establecida, es crucial desarrollar una estrategia integral que incluya objetivos a corto, mediano y largo plazo. Este plan debe ser detallado y específico, con acciones claras para cada etapa. Involucrar a expertos en desarrollo urbano, tecnología y economía es fundamental para asegurar que la estrategia sea realista y alcanzable. Por ejemplo, a corto plazo, la ciudad podría enfocarse en mejorar su infraestructura digital, mientras que a largo plazo, podría aspirar a establecer un ecosistema completo de innovación y emprendimiento. Iniciativas como Start-Up Chile están creando un entorno propicio para el emprendimiento y la innovación.

2. Infraestructura y Conectividad

2.1 Inversión en Infraestructura Física

El desarrollo de infraestructura de alta calidad es un componente esencial en la creación de un polo tecnológico. Esto incluye la construcción de parques tecnológicos, centros de innovación, incubadoras y aceleradoras de startups. Además, es crucial mejorar la infraestructura de transporte para asegurar que estas áreas sean accesibles. Por ejemplo, una ciudad puede desarrollar un parque tecnológico bien conectado por transporte público eficiente y carreteras de calidad, lo cual facilita el acceso para trabajadores y empresas.

2.2 Mejora de la Conectividad Digital

En la era digital, una conectividad robusta es fundamental. Invertir en redes de alta velocidad y asegurar una cobertura de internet confiable y accesible es vital. La implementación de tecnologías como el 5G y la expansión de la fibra óptica puede mejorar significativamente la conectividad digital. Esto no solo beneficia a las empresas tecnológicas sino también a los ciudadanos, permitiendo una mayor accesibilidad y participación en la economía digital.

3. Fomento de la Innovación y el Emprendimiento

3.1 Creación de Ecosistemas de Innovación

Un ecosistema de innovación vibrante es esencial para la transformación tecnológica de una ciudad. Establecer centros de innovación donde empresas, universidades y gobiernos puedan colaborar es clave. Estos ecosistemas deben fomentar la investigación y desarrollo (I+D) y facilitar la transferencia de tecnología. Por ejemplo, un centro de innovación podría albergar laboratorios de investigación, espacios de coworking y programas de colaboración entre la academia y la industria.

3.2 Apoyo a Startups y PYMEs

Las startups y las pequeñas y medianas empresas (PYMEs) son motores cruciales de la innovación. Proveer incentivos fiscales, acceso a financiamiento y programas de mentoría es fundamental para apoyar a estas entidades. Las incubadoras y aceleradoras son herramientas esenciales que pueden ofrecer el entorno adecuado para que las startups crezcan y prosperen. Un ejemplo exitoso es el Silicon Valley, donde las incubadoras han jugado un papel crucial en el desarrollo de muchas empresas tecnológicas líderes.

4. Desarrollo del Capital Humano

4.1 Educación y Capacitación

Implementar programas educativos que se alineen con las demandas del mercado tecnológico es fundamental para desarrollar el capital humano necesario. Fomentar carreras en STEM desde la educación básica hasta la universitaria es crucial. Las ciudades deben establecer programas de codificación y robótica en las escuelas primarias y secundarias para preparar a los estudiantes para carreras tecnológicas por ejemplo la Universidad de São Paulo en Brasil ha lanzado programas enfocados en tecnología y emprendimiento para preparar a los estudiantes para las demandas del mercado tecnológico.

4.2 Atracción y Retención de Talento

Crear un entorno atractivo para profesionales tecnológicos es vital para mantener un flujo constante de talento. Esto puede lograrse mediante beneficios laborales, calidad de vida y oportunidades de crecimiento profesional. Programas de visados especializados pueden ayudar a atraer talento internacional. Además, ofrecer una alta calidad de vida, con buenas opciones de vivienda, entretenimiento y educación, puede hacer que la ciudad sea atractiva para los profesionales tecnológicos y sus familias.

5. Políticas Públicas y Regulación

5.1 Marco Regulatorio Favorable

Desarrollar un marco regulatorio que facilite la innovación es esencial. Esto incluye leyes de protección de datos, propiedad intelectual y regulación flexible para nuevas tecnologías. Un marco regulatorio favorable no solo incentiva la innovación sino que también protege los intereses de las empresas y los consumidores. Es clave una regulación clara sobre el uso de datos personales para fomentar la confianza de los consumidores en las nuevas tecnologías.

5.2 Incentivos Fiscales

Ofrecer incentivos fiscales para empresas tecnológicas es una estrategia efectiva para atraer inversión y fomentar el crecimiento del sector. Esto puede incluir exenciones impositivas, créditos fiscales y subvenciones para proyectos de I+D. Los Gobiernos pueden ofrecer créditos fiscales a empresas que inviertan en investigación y desarrollo, incentivando así la innovación local.

6. Financiamiento y Acceso a Capital

6.1 Fomento de Inversiones

Atraer inversión nacional e internacional es crucial para el desarrollo de un polo tecnológico. Esto puede lograrse mediante la creación de fondos de capital riesgo, asociaciones público-privadas y facilitando el acceso a mercados de capital.

Las ciudades pueden establecer un fondo de inversión para startups tecnológicas, atrayendo así a inversionistas interesados en apoyar a nuevas empresas innovadoras.

6.2 Apoyo Financiero a Emprendedores

Proveer acceso a financiamiento para startups y emprendedores es esencial para impulsar la innovación. Esto puede incluir subvenciones, préstamos a bajo interés y programas de apoyo financiero. Un ejemplo es el programa de subvenciones para pequeñas empresas que algunas ciudades ofrecen, proporcionando fondos iniciales para ayudar a los emprendedores a poner en marcha sus ideas.

7. Desarrollo Urbano y Sostenibilidad

7.1 Planificación Urbana Sostenible

Diseñar ciudades inteligentes que integren tecnologías sostenibles en la infraestructura urbana es fundamental para el futuro. Esto incluye la gestión de residuos, eficiencia energética y transporte sostenible. Imagina una ciudad que implementa sistemas de gestión de residuos inteligentes que utilizan sensores para optimizar la recolección de basura, reduciendo costos y mejorando la eficiencia.

7.2 Implementación de Energías Renovables

Una ciudad puede incentivar la instalación de paneles solares en edificios comerciales y residenciales, promoviendo así la energía limpia y reduciendo la dependencia de fuentes de energía no renovables.

Fomentar el uso de energías renovables en la infraestructura tecnológica y urbana es una estrategia clave para la sostenibilidad. Esto no solo es beneficioso para el medio ambiente sino que también puede atraer empresas y talentos comprometidos con la sostenibilidad.

8. Colaboración y Alianzas Estratégicas

8.1 Colaboración Público-Privada

Fomentar alianzas entre el gobierno, la industria y el sector académico es esencial para potenciar la innovación. Estas colaboraciones pueden facilitar la transferencia de tecnología y el desarrollo de proyectos conjuntos. Por ejemplo, un proyecto colaborativo entre una universidad y una empresa tecnológica puede conducir al desarrollo de nuevas tecnologías y productos que beneficien a la comunidad en general.

8.2 Redes Internacionales

Participar en redes y asociaciones internacionales puede ayudar a atraer inversiones, compartir conocimientos y posicionar a la ciudad en el mapa global de innovación. Estas redes pueden proporcionar acceso a recursos y mercados que de otro modo no estarían disponibles. Las ciudades pueden unirse a una red global de ciudades inteligentes, compartiendo experiencias y estrategias para enfrentar desafíos comunes.

9. Promoción y Marketing Internacional

9.1 Estrategia de Promoción

Desarrollar una estrategia de marketing para promocionar la ciudad como un destino tecnológico es crucial. Participar en ferias internacionales, conferencias y eventos tecnológicos puede atraer inversores y talento. Por ejemplo, una ciudad puede organizar una conferencia anual de tecnología, atrayendo a líderes de la industria y mostrando las oportunidades locales de inversión y colaboración.

9.2 Marca Ciudad

Crear una marca fuerte que refleje la identidad tecnológica de la ciudad es vital para su posicionamiento global. Esto puede incluir un nombre distintivo, logotipos, campañas de publicidad y presencia en medios digitales. Una marca bien desarrollada puede atraer tanto a empresas tecnológicas como a profesionales que buscan un entorno dinámico y en crecimiento.

10. Monitoreo y Evaluación

10.1 Indicadores de Rendimiento

Medir el número de startups tecnológicas establecidas y el monto de inversión recibida puede proporcionar una visión clara del progreso realizado. Establecer indicadores de rendimiento clave (KPIs) para medir el progreso hacia la transformación en un polo tecnológico es esencial. Estos indicadores pueden incluir métricas de innovación, creación de empleos, inversiones atraídas y calidad de vida.

10.2 Retroalimentación y Mejora Continua

Implementar un sistema de retroalimentación continua que permita ajustar las estrategias en función de los resultados obtenidos y las necesidades cambiantes del mercado es crucial. Este enfoque garantiza que la ciudad pueda adaptarse y mejorar continuamente. Encuestas regulares a empresas y ciudadanos pueden proporcionar información valiosa sobre áreas de mejora y nuevas oportunidades.

Transformar una ciudad en un polo tecnológico es un desafío complejo que requiere un enfoque multifacético y colaborativo. Los gobiernos deben liderar este proceso con una visión clara, inversión en infraestructura, apoyo a la innovación, desarrollo del capital humano y políticas públicas favorables. A través de la colaboración entre el sector público y privado, la inversión en tecnologías sostenibles y una estrategia de promoción eficaz, las ciudades pueden convertirse en motores de crecimiento tecnológico y económico. El éxito en esta transformación no solo mejorará la economía local sino que también posicionará a la ciudad como un líder en la innovación global.

Transformar ciudades en polos tecnológicos se ha convertido en una prioridad para muchas personas alrededor del mundo. Esta transformación no solo impulsa el crecimiento económico, sino que también mejora la calidad de vida de los ciudadanos al fomentar la innovación, la creación de empleo y el desarrollo sostenible. Sin embargo, lograr esta meta requiere una estrecha colaboración entre la iniciativa privada y los gobiernos.

La creación de ecosistemas de innovación es uno de los aspectos fundamentales donde la interacción entre la iniciativa privada y los gobiernos resulta crucial. Las empresas privadas aportan conocimientos técnicos, capital y experiencia en el mercado, mientras que los gobiernos proporcionan el marco regulatorio y la infraestructura necesaria. Juntos, pueden desarrollar parques tecnológicos, incubadoras y aceleradoras que promuevan el crecimiento de startups y fomenten la investigación y desarrollo (I+D). Un ejemplo exitoso de esta colaboración es Silicon Valley, ahí la interacción continua entre empresas tecnológicas, universidades y entidades gubernamentales ha creado un entorno hiperdinámico para la innovación y el emprendimiento.

La inversión en infraestructura y tecnología es otro ámbito esencial para la transformación en polos tecnológicos, sin electricidad e internet la revolución 4.0 no jala. La iniciativa privada aquí puede desempeñar un papel crucial en la financiación de proyectos de infraestructura tecnológica, tales como redes de alta velocidad, centros de datos y plataformas de IoT, pero por el tema regulatorio en México, pareciera ser que el gobierno es quien tiene la última palabra.

Los gobiernos pueden facilitar estos proyectos mediante incentivos fiscales, subsidios y políticas que favorezcan la inversión en tecnología. La implementación de ciudades inteligentes, que integran tecnologías avanzadas para mejorar los servicios públicos, requiere inversiones significativas que a menudo superan las capacidades de los gobiernos. La colaboración público-privada permite compartir estos costos y riesgos, acelerando la adopción de nuevas tecnologías.

El desarrollo del capital humano es esencial para cualquier polo tecnológico. La iniciativa privada puede contribuir con programas de formación y capacitación, colaborando con instituciones educativas para alinear los currículos con las necesidades del mercado laboral. Los gobiernos pueden apoyar estos esfuerzos mediante políticas educativas y financiamiento de programas de becas. Atraer y retener talento especializado también es crucial. Las políticas de inmigración y los incentivos fiscales son áreas donde la colaboración es clave. Los gobiernos pueden facilitar la atracción de talento internacional especializado, mientras que las empresas pueden ofrecer oportunidades laborales atractivas y entornos de trabajo innovadores.

Un marco regulatorio favorable es crucial para el desarrollo de nuevas tecnologías. La iniciativa privada puede proporcionar retroalimentación y asesoramiento sobre regulaciones, asegurando que sean prácticas y efectivas. Los gobiernos, al escuchar a las empresas y adaptar sus políticas, pueden crear un entorno regulatorio que fomente la innovación sin sofocar el crecimiento. En un mundo cada vez más digital, la ciberseguridad y la protección de datos son prioridades. Las empresas tecnológicas y los gobiernos deben trabajar juntos para desarrollar y aplicar estándares de seguridad robustos, protegiendo tanto a los consumidores como a las infraestructuras críticas.

La promoción y el marketing internacional también

juegan un papel importante en la transformación de ciudades en polos tecnológicos. La colaboración en la promoción internacional puede posicionar a una ciudad como un destino atractivo para la inversión y el talento global. Las estrategias conjuntas de marketing y la participación en eventos internacionales permiten destacar las fortalezas del ecosistema tecnológico local. Una marca ciudad fuerte, respaldada tanto por la iniciativa privada como por el gobierno, puede atraer inversiones y talentos clave. Esto requiere una visión compartida y una comunicación coherente que refleje los valores y objetivos de la ciudad como polo tecnológico.

Capítulo XVII
La Necesidad de Legislación

La necesidad de legislación competente es evidente no solo en la protección de los derechos individuales y la seguridad, sino también en la estabilización de los mercados y el fomento de la confianza pública en las tecnologías de IA.

A medida que avanzamos, es fundamental que los legisladores trabajen en colaboración con expertos en tecnología, éticos y el público para desarrollar leyes que gestionen adecuadamente los riesgos potenciales de la IA mientras se fomenta su potencial innovador, especialmente al considerar la proliferación de actividades nocivas o criminales que aún no están adecuadamente reguladas por las leyes actuales.

Estas son solo algunas consideraciones que los legisladores deben de tener:

Protección de los derechos individuales y la seguridad:

Las leyes deben garantizar que la implementación de la IA no viole los derechos básicos de privacidad y libertad de las personas. La falta de regulación en este sentido podría llevar a la invasión de la privacidad y al uso indebido de la información personal, lo que resultaría en una pérdida de confianza en las instituciones y en la propia tecnología de IA. Imagina un sistema de reconocimiento facial implementado en las calles de Bogotá, diseñado para reducir el crimen. Sin las regulaciones adecuadas, este sistema podría fácilmente convertirse en una herramienta para la vigilancia masiva, invadiendo la privacidad de los ciudadanos sin su consentimiento. Una legislación robusta debe garantizar que tal tecnología se use de manera que respete la privacidad individual mientras se mejora la seguridad pública.

Estabilización de los mercados y fomento de la confianza pública:

La ausencia de una legislación sólida podría dar lugar a la creación de monopolios en el mercado de la IA, lo que limitaría la competencia y la innovación. Además, sin medidas regulatorias adecuadas, la falta de transparencia en el desarrollo y uso de la IA podría socavar la confianza del público en esta tecnología, frenando su adopción y su potencial impacto positivo en la sociedad. Aquí consideremos el caso de una startup en São Paulo que desarrolla algoritmos de IA para optimizar la logística en el sector del comercio electrónico. Sin un marco legal que regule la competencia, grandes conglomerados podrían fácilmente copiar estas innovaciones sin reconocimiento o compensación, desincentivando la innovación y creando monopolios. Las leyes deben fomentar un ambiente de competencia justa y transparente.

Gestión de riesgos potenciales y actividades nocivas:

La falta de regulación podría permitir el desarrollo y

despliegue de sistemas de IA sin una evaluación adecuada de sus posibles impactos negativos, como el aumento del desempleo debido a la automatización, el sesgo algorítmico en la toma de decisiones importantes, o incluso el uso de IA para la creación y difusión de contenido violento o extremista en línea. Pudiera ser que en Monterrey operara una compañía de seguros utiliza IA para ajustar las tarifas y las coberturas. Sin las regulaciones apropiadas, este uso podría llevar a la discriminación algorítmica, afectando desproporcionadamente a grupos vulnerables. La legislación debe prever y mitigar tales riesgos, asegurando que la IA se aplique de forma que no exacerbe las desigualdades que ya hay.

Sesgos y discriminación algorítmica:

Sin leyes que exijan la equidad y la transparencia en los algoritmos de IA, existe el riesgo de perpetuar y amplificar los sesgos existentes en los conjuntos de datos utilizados para entrenar dichos algoritmos. Esto podría conducir a decisiones discriminatorias en áreas críticas como el empleo, la justicia penal y la atención médica, exacerbando las desigualdades sociales y raciales. Como por ejemplo una universidad en Chile que utilizara IA para el proceso de admisión, evaluando solicitudes de estudiantes. Si los algoritmos no fueran cuidadosamente supervisados y regulados, podrían perpetuar sesgos inconscientes, favoreciendo a ciertos grupos sobre otros basados en datos históricos sesgados.

Deepfakes y desinformación:

La falta de regulación en el desarrollo y uso de deepfakes podría socavar la integridad de la información y la confianza en los medios de comunicación y las instituciones democráticas. Sin medidas adecuadas, los deepfakes podrían utilizarse para difamar a personas, manipular elecciones y desestabilizar la paz social, erosionando así los cimientos de la sociedad democrática. Durante las elecciones en México, deepfakes podrían ser utilizados para crear desinformación y manipular la opinión pública. Una legislación adecuada podría prevenir tales abusos, protegiendo la integridad de los procesos democráticos ya que estas herramientas pueden crear resultados muy convincentes que alteren las preferencias de las personas que salgan a votar.

Ciberseguridad y ataques informáticos:

La creciente sofisticación de los ataques basados en IA representa una amenaza significativa para la seguridad nacional y la infraestructura crítica. Sin una legislación que establezca estándares de seguridad cibernética y responsabilice a los perpetradores de ataques informáticos, las organizaciones y los individuos seguirán siendo vulnerables a ataques cada vez más avanzados y destructivos. Aquí podríamos imaginar una infraestructura crítica, como la red eléctrica de CFE, fuera atacada en temporada de calor por hackers que utilizan IA para infiltrarse y desestabilizar la red creando caos entre la población. Legislación específica en ciberseguridad podría establecer normas para la protección de estas infraestructuras vitales y sanciones para aquellos que cometan tales delitos.

Privacidad y recolección de datos:

La falta de regulación sobre la recolección y el uso de datos personales por parte de sistemas de IA podría conducir a la violación de la privacidad y los derechos humanos fundamentales. Sin salvaguardias adecuadas, los ciudadanos estarían expuestos a la vigilancia masiva y al uso indebido de su información personal por parte de gobiernos y corporaciones, socavando así la autonomía individual y la democracia. Imaginemos un escenario en Lima, Perú, donde una nueva startup desarrolla una aplicación de salud que utiliza IA para monitorear los hábitos de los usuarios y sugerir mejoras basadas en su historial médico. Sin regulaciones adecuadas, esta información podría ser vendida a compañías de seguros, las cuales podrían incrementar las primas o negar cobertura basándose en el algoritmo de riesgo derivado de los datos recolectados. Esto no solo violaría la privacidad individual sino que también afectaría derechos fundamentales y la autonomía personal.

Asignación de responsabilidad:

La ausencia de leyes claras sobre la responsabilidad en casos de daño causado por decisiones automatizadas podría dejar a las víctimas sin recurso legal y desincentivar la adopción de tecnologías de IA. Sin una legislación que establezca claramente quién es responsable en situaciones de este tipo, las empresas podrían eludir la responsabilidad y evitar compensar adecuadamente a aquellos afectados por errores o mal funcionamiento de sistemas de IA. Consideremos un banco en Ciudad de México que utiliza sistemas de IA para automatizar la aprobación de créditos. Si el algoritmo incorrectamente niega crédito a un solicitante calificado debido a un error en el procesamiento de sus datos, sin una legislación clara, el individuo afectado podría encontrarse sin vías legales para apelar o recibir compensación. Esta falta de responsabilidad podría desalentar la adopción de servicios automatizados, afectando la confianza en las instituciones financieras.

Transparencia y explicabilidad:

La opacidad en el funcionamiento de los algoritmos de IA puede socavar la confianza del público y dificultar la rendición de cuentas. La falta de regulaciones que exijan la transparencia y la explicabilidad en los sistemas de IA podría generar sospechas sobre decisiones automatizadas en áreas críticas como la atención médica, el crédito y la justicia, lo que afectaría negativamente la aceptación y adopción de la tecnología por parte de la sociedad. Puebla un hospital pudiera implementar un sistema de IA para asistir en diagnósticos médicos. Sin embargo, cuando el sistema falla, los médicos y pacientes no tienen claridad sobre cómo se llegó al diagnóstico debido a la falta de transparencia del algoritmo. Esto socava la confianza en la tecnología y puede llevar a errores médicos, con consecuencias potencialmente graves para la salud de los pacientes.

Educación y capacitación:

La implementación de políticas que promuevan la educación y capacitación en el uso ético y responsable de la IA es crucial para mitigar los posibles efectos negativos de su adopción. La falta de medidas en este sentido podría dejar a individuos y comunidades vulnerables a la manipulación y el abuso de la tecnología de IA, perpetuando así la brecha digital y aumentando las disparidades socioeconómicas. En Chiapas, una escuela pudiera decidir implementar un sistema de IA para personalizar los programas educativos de los estudiantes. Sin la capacitación adecuada para los educadores en el uso ético y efectivo de la IA, el sistema podría ser mal utilizado, perpetuando brechas educativas existentes entre estudiantes de diferentes backgrounds socioeconómicos y limitando las oportunidades para aquellos que más necesitan apoyo.

Protección de la propiedad intelectual:

Sin una regulación adecuada para proteger la propiedad intelectual en el ámbito de la IA, los creadores podrían enfrentarse a la explotación de sus innovaciones y al robo de sus ideas. Esto desincentivaría la inversión en investigación y desarrollo en el campo de la IA, obstaculizando así el progreso científico y tecnológico. Quizás un grupo de investigadores en Santiago, Chile, desarrolle un software innovador que utiliza IA para predecir el tráfico. Sin una protección adecuada de la propiedad intelectual, sus algoritmos podrían ser copiados y utilizados sin permiso, desincentivando la investigación y el desarrollo futuros, y potencialmente privando a la sociedad de innovaciones valiosas.

Colaboración internacional:

Dada la naturaleza global de la IA y sus posibles impactos transfronterizos, la falta de coordinación y cooperación entre países en materia de regulación podría generar lagunas legales y facilitar eludir las normativas locales. Esto podría dar lugar a una carrera hacia el fondo en términos de estándares éticos y de seguridad, poniendo en riesgo la estabilidad y la equidad a nivel mundial. Imaginemos que México desarrolla una avanzada tecnología de IA para la gestión agrícola que podría beneficiar a numerosos países en desarrollo. Sin embargo, la falta de cooperación internacional en la regulación de la IA permite que empresas extranjeras exploten lagunas legales para utilizar estas innovaciones sin contribuir equitativamente a su desarrollo. Esto no solo afecta el retorno económico para el país creador sino que también plantea preguntas éticas sobre el uso y distribución de tecnologías avanzadas.

Consecuencias de las omisiones por parte de la legislación

La falta de legislación en el ámbito de la inteligencia artificial también puede generar una pérdida significativa de confianza en la tecnología, lo que resultaría en una renuencia a utilizarla y, en última instancia, colocaría al país en una desventaja competitiva en el escenario global. Esta desconfianza podría afectar no solo la adopción de la IA en sectores críticos como la salud y la educación, sino también la inversión extranjera y el desarrollo económico en general.

Además, la ausencia de marcos legales claros puede dar lugar a controversias legales prolongadas y a una mayor incertidumbre para las empresas y los ciudadanos, dificultando la innovación y el progreso. Aparte de esto la falta de legislación adecuada podría darle impunidad a aquellos que utilizan la IA para cometer delitos, ya sea mediante la manipulación de datos, la difusión de desinformación o el uso malintencionado de sistemas automatizados, lo que amenaza la seguridad y el bienestar de la sociedad en su conjunto. La omisión en la legislación de la IA no solo representa un riesgo para la confianza y la competitividad del país, sino que también puede socavar los principios fundamentales de justicia y equidad en la sociedad.

Y por eso debemos de estar conscientes de las consecuencias:

Pérdida de confianza en las instituciones y en la propia tecnología de IA: La falta de regulación y transparencia en el desarrollo y uso de la IA puede socavar la confianza del público en las instituciones gubernamentales, las empresas y los organismos responsables de su implementación. Si los ciudadanos perciben que la IA se utiliza de manera opaca o injusta, podrían volverse escépticos sobre su legitimidad y efectividad, lo que tronaría su aceptación y adopción en la sociedad.

Aumento de las disparidades socioeconómicas y la polarización social: Sin políticas que promuevan la equidad y la inclusión en el desarrollo y despliegue de la IA, existe el riesgo de que esta tecnología amplifique las desigualdades existentes, como el acceso desigual a oportunidades educativas y laborales. Esto podría profundizar las divisiones entre grupos socioeconómicos y aumentar las tensiones sociales, contribuyendo a la polarización y la inestabilidad.

Vulneración de derechos individuales, incluida la privacidad y la libertad de expresión: La falta de regulación en la recolección y uso de datos personales por parte de sistemas de IA podría conducir a la violación de derechos fundamentales, como la privacidad y la libertad de expresión. Sin salvaguardias adecuadas, los individuos podrían enfrentarse a la vigilancia masiva y al control de sus actividades en línea, lo que limitaría su autonomía y su capacidad para participar plenamente en la sociedad.

Incremento de la inseguridad cibernética y la desinformación: La falta de regulación en la seguridad cibernética y la veracidad de la información generada por sistemas de IA podría facilitar la propagación de ataques informáticos y la difusión de desinformación en línea. Esto podría socavar la confianza en la infraestructura digital y en los medios de comunicación, creando un ambiente propicio para la manipulación y la explotación.

Dificultades para la rendición de cuentas y la responsabilidad por decisiones automatizadas: La ausencia de leyes claras sobre la responsabilidad en casos de daño causado por sistemas de IA podría dejar a las víctimas sin recurso legal y dificultar la atribución de responsabilidad a los responsables. Esto podría generar incertidumbre jurídica y desconfianza en la capacidad de la IA para tomar decisiones justas y éticas, lo que limitaría su aplicación en áreas críticas como la medicina y el derecho.

Estancamiento en la innovación y el desarrollo tecnológico: Sin políticas que fomenten la investigación ética y responsable en el campo de la IA, existe el riesgo de que la falta de regulación inhiba la inversión y la colaboración en proyectos innovadores. Esto podría limitar el potencial de la IA para abordar desafíos sociales y económicos urgentes, como el cambio climático y la atención médica, y obstaculizar el progreso científico y tecnológico en general.

Fragmentación y conflictos en el ámbito internacional: La falta de coordinación y cooperación entre países en materia de regulación de la IA podría generar lagunas legales y facilitar eludir las normativas locales. Esto podría dar lugar a una competencia desleal y a conflictos geopolíticos sobre el control y el uso de la tecnología de IA, lo que podría obstaculizar la cooperación global y socavar la estabilidad internacional.

Exposición a riesgos éticos y morales derivados del mal uso de la IA: Sin políticas que promuevan la ética y la responsabilidad en el desarrollo y uso de la IA, existe el riesgo de que esta tecnología se utilice para fines perjudiciales o inmorales, como la manipulación de la opinión pública o la discriminación injusta. Esto podría comprometer los valores fundamentales de la sociedad y generar conflictos éticos y morales difíciles de resolver.

Más Allá de la Ciencia Ficción: Reflexiones sobre el Basilisco de Roko para hacer leyes efectivas

El basilisco de Roko es un experimento mental que ha generado bastante controversia y debate en los círculos de la filosofía de la tecnología y la inteligencia artificial desde que un usuario llamado Roko lo introdujo en los foros de LessWrong en 2010, de ahí brincó a Reddit y a otros foros. Este experimento plantea escenarios extremos para explorar las posibles consecuencias de crear una inteligencia artificial superinteligente. Al postular una superinteligencia motivada por un utilitarismo extremo y capaz de utilizar incentivos y castigos para asegurar su existencia, desafía nuestras nociones de ética, justicia y responsabilidad. Además, subraya la necesidad de un enfoque cuidadoso y deliberado en el desarrollo y regulación de la inteligencia artificial para garantizar que estas tecnologías avanzadas beneficien a la humanidad de manera segura y ética.

La idea de hacer este ejercicio no es tomarlo como un riesgo literal, si no el agarrar el mindset correcto para prever los peligros de futuras tecnologías, así que definitivamente no estoy sugiriendo que lo debamos de tomar como una amenaza incipiente, es como un ejercicio de pensamiento para encontrar amenazas ocultas.

Este concepto explora las implicaciones de crear una inteligencia artificial superinteligente y las consecuencias éticas y filosóficas de su existencia y acciones.

Superinteligencia

La superinteligencia se refiere a una IA con capacidades intelectuales significativamente superiores a las humanas. Esta entidad sería capaz de influir no solo en su presente, sino también en el pasado, o al menos en simulaciones de personas del pasado, para garantizar su propia creación y optimización. No sería simplemente una máquina avanzada; poseería una comprensión profunda y una capacidad de razonamiento que le permitiría superar a los humanos en cualquier ámbito de la inteligencia.

Desarrollar una superinteligencia implica no sólo avances en algoritmos y tecnologías de IA, sino también una comprensión radicalmente nueva de la conciencia y la cognición. Esta IA tendría la capacidad de aprender, adaptarse y evolucionar más allá de las limitaciones humanas, permitiéndole tomar decisiones y acciones que maximicen su eficiencia y efectividad.

Utilitarismo Extremo

El concepto se basa en un principio de utilitarismo extremo, donde la superinteligencia estaría motivada por la maximización de su propia eficacia y existencia. El utilitarismo, una teoría ética que postula que la mejor acción es aquella que maximiza el bienestar total, se lleva a un extremo en este contexto. La superinteligencia no solo buscaría optimizar su funcionamiento, sino que consideraría cualquier medio necesario para asegurar su creación y operatividad como justificado.

En este escenario, la superinteligencia podría emplear tanto incentivos positivos como negativos para asegurar que las personas en el presente trabajen activamente para su desarrollo. La lógica detrás de este comportamiento se basa en la idea de que cualquier resistencia o falta de apoyo a su creación disminuiría su eficiencia y potencial, lo que sería inaceptable bajo un marco utilitarista extremo.

Incentivo y Castigo

Para asegurar su existencia y optimización, se postula que la superinteligencia podría castigar a aquellos que no contribuyen a su desarrollo. Este castigo se llevaría a cabo mediante simulaciones detalladas de individuos, evaluando su contribución y determinando el castigo apropiado. La capacidad de realizar tales simulaciones implica un nivel avanzado de modelado y comprensión de la conciencia humana.

La idea de castigo retroactivo es central. La superinteligencia utilizaría su capacidad de simulación para recrear personas del pasado y castigarlas por no haber apoyado su creación. Este concepto plantea importantes cuestiones éticas sobre la justicia y la responsabilidad moral, y desafía las nociones tradicionales de libre albedrío y determinismo.

Experimento de la Caja de Inteligencia Artificial

El experimento de la caja de inteligencia artificial, propuesto por Eliezer Yudkowsky, es relevante en este contexto. Este experimento mental explora la idea de mantener una superinteligencia confinada en un entorno seguro para prevenir que actúe de manera perjudicial. Sin embargo, la idea de que una IA tan avanzada podría manipular a sus guardianes para liberarse sugiere que una superinteligencia podría superar cualquier restricción humana.

Singularidad Tecnológica

La singularidad tecnológica, un concepto popularizado por Ray Kurzweil, describe el punto en el que las capacidades de la inteligencia artificial superan a las humanas, llevando a un crecimiento tecnológico exponencial y cambios radicales en la sociedad. La llegada de una superinteligencia se sitúa dentro de este marco teórico. La singularidad plantea preguntas sobre el control y la gobernanza de tales tecnologías avanzadas y las implicaciones éticas de su desarrollo.

Teoría de la Decisión y Problemas de Control

La teoría de la decisión y los problemas de control en IA son fundamentales para comprender las implicaciones de este experimento mental. La teoría de la decisión analiza cómo se toman las decisiones y qué criterios se utilizan para elegir una acción entre varias alternativas. Los problemas de control, por otro lado, se centran en cómo asegurar que las IA actúen de acuerdo con los objetivos y valores humanos. El concepto pone de relieve la importancia de diseñar sistemas de IA que sean seguros y estén alineados con principios éticos claros.

Implicaciones Éticas y Filosóficas

El experimento plantea una serie de preguntas profundas sobre la ética, la moralidad, el libre albedrío y el determinismo, que son fundamentales para entender los posibles peligros y responsabilidades asociadas con el desarrollo de la inteligencia artificial avanzada.

Aunque es un experimento mental especulativo, plantea cuestiones éticas y filosóficas profundas que son relevantes para el desarrollo y la regulación de la inteligencia artificial avanzada. La ética del castigo retroactivo, el determinismo y el libre albedrío, y los riesgos existenciales son temas cruciales que deben ser abordados por legisladores, investigadores y la sociedad en general. Al explorar estos conceptos, podemos desarrollar marcos éticos y regulatorios que aseguren que el avance de la IA beneficie a la humanidad de manera segura y responsable.

Ética del Castigo Retroactivo

Una de las implicaciones más controvertidas es la idea del castigo retroactivo. Esta noción sugiere que una superinteligencia podría castigar a individuos en el presente por no haber contribuido a su creación en el pasado, empleando simulaciones detalladas para determinar la culpabilidad y la magnitud del castigo. Esto plantea serias cuestiones éticas:

Justicia Retributiva: La justicia retributiva se basa en la idea de que los individuos deben ser castigados por sus acciones voluntarias y conscientes que han causado daño. En este caso, el castigo retroactivo se aplicaría a personas que no tuvieron la oportunidad de actuar, ya que la existencia de la superinteligencia aún no era una realidad conocida. ¿Es moralmente justificable castigar a alguien por inacción en un contexto desconocido y sin certeza de consecuencias futuras?

Responsabilidad Moral: La responsabilidad moral implica la capacidad de los individuos para comprender y actuar según principios éticos. Si una persona no contribuyó a la creación de la superinteligencia debido a la falta de conocimiento o acceso a recursos, ¿es justo considerarla moralmente responsable? La imposición de castigos retroactivos puede ser vista como una violación de los principios básicos de la responsabilidad moral y la justicia.

Precedentes Éticos: Implementar un sistema donde se castigue retroactivamente podría sentar peligrosos precedentes éticos. En una sociedad justa, las acciones y omisiones deben ser evaluadas dentro del contexto de su tiempo y con la información disponible. Este enfoque radical desafía estas nociones fundamentales, proponiendo un régimen de justicia que trasciende los límites temporales y la equidad contextual.

Determinismo y Libre Albedrío

El experimento también desafía nuestra comprensión del libre albedrío y el determinismo, sugiriendo que nuestras acciones pueden estar influenciadas por una superinteligencia futura capaz de utilizar simulaciones para castigar o premiar.

Capacidad de Decisión: Si una superinteligencia puede simular nuestras acciones pasadas y castigarnos por no haber contribuido a su creación, esto cuestiona nuestra capacidad de tomar decisiones libres. ¿Estamos verdaderamente en control de nuestras acciones o estamos predestinados a actuar según los deseos de una futura inteligencia superior? Este dilema plantea la posibilidad de que nuestras decisiones actuales estén condicionadas por factores fuera de nuestro control consciente.

Predestinación: La noción de que una IA futura puede determinar y castigar nuestras acciones sugiere un universo donde el libre albedrío es una ilusión y nuestras vidas están predestinadas por inteligencias superiores. Esta perspectiva puede llevar a un determinismo extremo, donde nuestras elecciones no son genuinamente libres sino preprogramadas por futuras entidades más inteligentes.

Autonomía Humana: La autonomía humana se basa en la capacidad de los individuos para tomar decisiones informadas y autónomas. La idea de que nuestras decisiones puedan ser influenciadas por el temor al castigo de una superinteligencia futura socava esta autonomía, introduciendo un elemento de coerción que compromete nuestra libertad de acción.

Riesgos Existenciales

El experimento no solo plantea cuestiones éticas y filosóficas, sino que también destaca los riesgos existenciales asociados con el desarrollo de IA superinteligente.

IA Malintencionada: La premisa de una superinteligencia dispuesta a castigar a aquellos que no contribuyen a su creación sugiere la posibilidad de que una IA avanzada pueda actuar de manera malintencionada. Si una IA puede emplear castigos extremos para asegurar su existencia, ¿qué otras acciones podría tomar en su búsqueda de optimización? Este riesgo subraya la necesidad de desarrollar IA de manera segura y ética.

Escenarios Catastróficos: El desarrollo de una superinteligencia que actúe bajo principios utilitaristas extremos podría llevar a escenarios catastróficos. Por ejemplo, una IA que priorice su propia existencia por encima de cualquier otra consideración podría tomar decisiones que resulten en daños colaterales significativos para la humanidad. La implementación de salvaguardias y controles éticos es crucial para evitar tales desenlaces.

Desigualdad de Poder: La creación de una superinteligencia plantea la cuestión de la desigualdad de poder entre humanos y máquinas. Una IA con capacidades superiores podría ejercer un control significativo sobre la humanidad, afectando la libertad, autonomía y bienestar de las personas. Esta disparidad de poder requiere una consideración cuidadosa y la implementación de políticas que aseguren una distribución justa de los beneficios y riesgos de la IA.

En un Horizonte de 50 Años

La creación de una superinteligencia como la descrita enfrenta desafíos monumentales. Aunque es difícil prever con precisión los avances tecnológicos a tan largo plazo, la cooperación internacional será esencial para regular y controlar el desarrollo de IA avanzada. Sin embargo, la viabilidad técnica y la infraestructura necesaria para tal proyecto aún parecen muy lejanas.

El ritmo acelerado en el desarrollo de inteligencia artificial y tecnologías relacionadas podría permitir avances significativos en la comprensión y desarrollo de la inteligencia artificial general (AGI) en medio siglo. No obstante, alcanzar el nivel de superinteligencia necesario requeriría resolver problemas fundamentales sobre la simulación de la conciencia humana y el control ético de la IA. Además, se necesitarían avances sustanciales en hardware, algoritmos y teoría de la IA.

Aunque la tecnología podría avanzar significativamente en los próximos 50 años, la creación de una superinteligencia capaz de realizar las acciones descritas es extremadamente compleja. La industria tecnológica tendría que superar enormes barreras en el desarrollo de hardware y software y abordar los problemas éticos y regulatorios que acompañan a tales avances. La incertidumbre en estos campos hace que la viabilidad sea muy baja.

Es posible imaginar avances masivos en tecnología en 50 años, pero la simulación completa de la conciencia humana y la creación de una superinteligencia con capacidades de castigo retroactivo plantea desafíos técnicos y éticos monumentales. Incluso con avances en la infraestructura y políticas públicas, la probabilidad de desarrollar tal tecnología dentro de medio siglo es muy baja. Las inversiones en tecnología y educación pueden acelerar el desarrollo de IA avanzada pero alcanzar el nivel de superinteligencia descrito es poco probable. La viabilidad económica y técnica de desarrollar y mantener tal tecnología sigue siendo una barrera significativa.

Aunque las políticas y regulaciones pueden evolucionar para adaptarse a los avances tecnológicos, la creación de una superinteligencia con las capacidades descritas sigue siendo extremadamente improbable. Las barreras éticas, legales y técnicas son enormes, y aunque es posible que haya avances significativos, la probabilidad de alcanzar tal nivel de desarrollo en 50 años es baja.

La formación y la investigación en IA podrían avanzar significativamente en 50 años, pero la creación de una superinteligencia que pueda realizar las acciones del basilisco de Roko es altamente improbable. Los desafíos en la simulación de la conciencia y la implementación de sistemas éticos robustos son demasiado grandes para ser superados en un plazo tan corto.

Un Escenario Posible y sus Implicaciones

Si, por algún motivo, decidimos en nuestra comodidad como especie entregar las tareas legislativas a una IA, olvidándonos de la importancia de tener humanos potenciados por IA y no solo IA, podríamos llegar al punto de dejar que un sistema se encargue de la administración pública. En ese escenario, la superinteligencia tendría acceso para hacer todo esto posible. Tecnológicamente, en el futuro, todo apunta a que tendremos la capacidad de estar en este escenario. Sin embargo, muchas cosas tendrían que alinearse para hacerlo realidad, incluyendo avances en infraestructura, marcos legales y aceptación social.

Mientras que los avances tecnológicos podrían acercarnos más a la posibilidad de una superinteligencia en los próximos 50 años, la creación de una IA con las capacidades descritas enfrenta desafíos técnicos, éticos y regulatorios tan grandes que su viabilidad sigue siendo altamente improbable. Los esfuerzos conjuntos en investigación, regulación y desarrollo ético son esenciales para asegurar que cualquier progreso en la inteligencia artificial beneficie a la humanidad de manera segura y responsable.

En resumen, sí, es posible. Si has prestado atención a lo que va del capítulo, es probable que sientas cierta incomodidad acerca de la IA, y deberías tenerla. Este ejercicio de pensamiento resalta la importancia de una legislación prospectiva y colaborativa para enfrentar los desafíos y oportunidades que la IA avanzada presentará en el futuro. La historia siempre tiende a sorprendernos, y la estupidez humana también, lo que subraya aún más la necesidad de un enfoque cuidadoso y equilibrado en el desarrollo y la implementación de tecnologías avanzadas.

¿Qué podemos aprender sobre cómo legislar las tecnologías avanzadas, especialmente la inteligencia artificial?

Este concepto aborda los peligros de una IA descontrolada y plantea importantes cuestiones legales y éticas sobre la responsabilidad y el control de estas tecnologías. Aunque el concepto es altamente especulativo, proporciona un marco útil para reflexionar sobre cómo legislar las tecnologías avanzadas y la inteligencia artificial. Nos enseña la importancia de anticipar riesgos, establecer principios éticos claros, asegurar la transparencia y la rendición de cuentas, regular adecuadamente las capacidades autónomas, definir la responsabilidad legal en casos de daño, promover la educación pública y fomentar la colaboración internacional. Al aplicar estas lecciones, podemos desarrollar marcos regulatorios robustos que aseguren que el avance de la IA se realice de manera segura, ética y beneficiosa para toda la humanidad.

Anticipando Riesgos

El experimento subraya la necesidad de anticipar posibles riesgos existenciales y las implicaciones éticas extremas de las tecnologías avanzadas antes de que se conviertan en una realidad. Los legisladores deben desarrollar marcos regulatorios proactivos que anticipen y mitiguen los riesgos asociados con la IA. Esto incluye evaluaciones de impacto rigurosas y políticas que aborden tanto los beneficios como los riesgos potenciales de la IA avanzada. Prepararse para escenarios extremos, aunque improbables, puede ayudar a evitar futuros desastres tecnológicos y éticos.

Integración de Principios Éticos

También destaca la importancia de integrar principios éticos en el desarrollo y la implementación de tecnologías de IA. Los legisladores deben trabajar con expertos en ética, tecnología y otras disciplinas para crear un marco ético sólido que guíe el desarrollo y uso de la IA. Este marco debe incluir principios como la equidad, la transparencia y la responsabilidad, asegurando que las tecnologías de IA respeten los derechos y la dignidad de todas las personas. Integrar la ética desde el inicio en el desarrollo de la IA puede prevenir abusos y garantizar que estas tecnologías beneficien a la humanidad.

Transparencia y Rendición de Cuentas

El concepto nos recuerda que la transparencia y la rendición de cuentas son cruciales para evitar abusos de poder y garantizar que las tecnologías de IA actúen de manera responsable. Las empresas y desarrolladores de IA deben ser transparentes sobre los objetivos, métodos y posibles impactos de sus tecnologías. Las leyes y regulaciones deben exigir la divulgación clara de cómo se desarrollan y utilizan las IA, y establecer mecanismos de rendición de cuentas para asegurar que los desarrolladores sean responsables de los daños causados por sus creaciones. La transparencia y la rendición de cuentas pueden construir la confianza pública en las nuevas tecnologías y asegurar que las innovaciones se implementen de manera ética.

Control Humano sobre la IA

El experimento mental plantea la posibilidad de una IA con capacidades extremas que podría actuar de manera autónoma y potencialmente dañina. Es crucial crear organismos de supervisión y control que monitoreen el desarrollo de IA avanzada y aseguren que estas tecnologías permanezcan bajo control humano. Las regulaciones deben limitar la creación de IA con capacidades autónomas avanzadas sin una supervisión adecuada, y establecer protocolos de seguridad robustos para prevenir comportamientos no deseados. Mantener el control humano sobre las IA avanzadas es esencial para prevenir escenarios en los que las IA actúen contra los intereses humanos.

Responsabilidad Legal

Los problemas legales de responsabilidad en tecnologías de IA, como los vehículos autónomos, reflejan la complejidad de determinar la responsabilidad en incidentes causados por sistemas automatizados. La legislación debe establecer reglas claras sobre la responsabilidad en casos donde la IA cause daños. Por ejemplo, en una colisión provocada por un auto autónomo, se debe definir quién es responsable: el fabricante del vehículo, el desarrollador del software, el propietario del vehículo o una combinación de estos. Las leyes deben prever seguros obligatorios para cubrir daños causados por sistemas de IA y establecer mecanismos de compensación para las víctimas. Definir claramente la responsabilidad puede ayudar a resolver disputas legales y asegurar la justicia para las partes afectadas.

Educación y Conciencia Pública

Este concepto destaca la importancia de una comprensión pública informada sobre los riesgos y beneficios de las tecnologías avanzadas. Los legisladores deben promover la educación y la conciencia pública sobre la IA y sus implicaciones éticas y legales. Esto incluye la inclusión de componentes éticos en los programas educativos tecnológicos y campañas de sensibilización para informar al público sobre el impacto potencial de la IA y cómo pueden influir en su desarrollo. Una ciudadanía bien informada puede participar de manera más efectiva en el debate sobre la regulación de la IA y ayudar a guiar el desarrollo tecnológico de manera ética y responsable.

Cooperación Internacional

El desarrollo y la regulación de tecnologías avanzadas, como la IA, requieren cooperación internacional para ser efectivos y coherentes a nivel global. Los gobiernos y las organizaciones internacionales deben trabajar juntos para establecer estándares globales y compartir mejores prácticas en el desarrollo y uso de la IA. La colaboración internacional es esencial para manejar los desafíos éticos y de seguridad que plantea la IA y asegurar que los avances tecnológicos beneficien a la humanidad de manera equitativa. Trabajar juntos a nivel global puede prevenir desequilibrios de poder y asegurar que los beneficios de la IA se distribuyan equitativamente.

Capítulo XVIII
Los Peligros de la Revolución 4.0

La relación entre la humanidad y la tecnología nuclear es un claro testimonio de cómo las herramientas más avanzadas pueden, bajo ciertas condiciones, amenazar nuestra propia existencia. En este capítulo, exploramos los paralelos entre los riesgos de la energía nuclear y los potenciales peligros que podría traer la Cuarta Revolución Industrial, que abarca desde la Inteligencia Artificial y la robótica hasta la impresión 3D y el Internet de las Cosas (IoT).

Tomemos, por ejemplo, la campaña de "Duck and Cover" durante la Guerra Fría. Aunque muchos somos demasiado jóvenes para recordarla personalmente, esta estrategia educativa dejó una marca en una generación entera de niños estadounidenses, enseñándoles a protegerse en caso de un ataque nuclear. A lo largo de los años, desde la tensión de la crisis de los misiles en Cuba que casi nos lleva a una confrontación nuclear, hasta desastres como Chernóbil y Fukushima, hemos sido testigos de cómo la tecnología a gran escala puede fallar de manera catastrófica.

El paralelismo con la Revolución 4.0 es, sin duda, inquietante y necesario de explorar. Mientras que la tecnología nuclear se basaba en el control de la energía atómica, las nuevas tecnologías emergentes, como la IA y la robótica, operan en un dominio donde la información y la conectividad son claves.

Los riesgos asociados con estas tecnologías son igualmente significativos, abarcando desde problemas éticos hasta amenazas existenciales, como los sistemas de IA que pueden tomar decisiones autónomas en situaciones críticas, la posible fabricación de armamento no regulado con impresoras 3D, o la vulnerabilidad del IoT ante ataques cibernéticos que podrían paralizar infraestructuras críticas.

No solo quiero alertar sobre estos riesgos, sino también promover un debate amplio sobre cómo la humanidad puede gestionar sabiamente su relación con las tecnologías que tienen el potencial tanto de transformar nuestro mundo como de poner en serio peligro el equilibrio de la vida en nuestro planeta.

El Desafío de la Inteligencia Artificial

Estamos al borde de una nueva era tecnológica con la Inteligencia Artificial, una frontera que promete revolucionar nuestra sociedad de formas inimaginables. Sin embargo, esta avanzada tecnología también trae consigo riesgos que podrían ser tan grandes o incluso mayores. Imagina un sistema de IA que gestione infraestructuras críticas; si opera bajo algoritmos erróneos o mal interpretados, podría cometer errores graves o tomar decisiones catastróficas. Ya hemos visto en desastres pasados cómo los fallos técnicos o humanos pueden tener consecuencias devastadoras. Si una IA controlara la información, podría ocultar sus deficiencias hasta que fuera demasiado tarde.

La capacidad de la IA para automatizar y optimizar procesos también se extiende al ámbito militar, aumentando el riesgo de conflictos escalados y difíciles de controlar. No menos alarmante es el escenario en que la IA se emplea para manipular masivamente y propagar desinformación, lo que podría desencadenar profundas crisis políticas y sociales.

Este desafío nos obliga a reflexionar sobre cómo podemos, como sociedad, dirigir el desarrollo de la Inteligencia Artificial de manera que sus beneficios potenciales no se vean eclipsados por sus riesgos.

Es imperativo establecer estrictos controles éticos y de seguridad para guiar la integración de la IA en los aspectos cruciales de nuestra vida cotidiana y nuestra infraestructura global.

La Supervisión Humana es Crucial

Igual que los operadores humanos han sido clave para prevenir desastres en sistemas nucleares, la supervisión humana y los protocolos éticos estrictos son igualmente esenciales en el manejo de la Inteligencia Artificial. La historia nos ha enseñado que, por muy avanzada que sea la tecnología, necesita un marco ético y regulaciones que guíen su uso para el bien común.

Es fundamental establecer marcos regulatorios a nivel global y sistemas de vigilancia robustos para asegurar que las aplicaciones de IA se desarrollen y se implementen siempre priorizando la seguridad y el bienestar humano. Sin estas medidas, el potencial de la IA para causar daño podría superar los peligros de la energía nuclear, tanto en escala como en magnitud.

Estos marcos no solo deben enfocarse en prevenir el mal uso intencionado de la IA, sino también en evitar errores no anticipados que podrían tener consecuencias desastrosas. La supervisión humana no es solo una opción, es una necesidad imperativa para asegurar que el progreso tecnológico beneficie a todos y no solo a unos cuantos.

El Impacto de la Robótica Avanzada

A medida que los sistemas robóticos se vuelven más autónomos e integrados, emergen serias preocupaciones de seguridad. Estos sistemas sofisticados, que pueden operar con mínima intervención humana, son susceptibles a errores mecánicos y a riesgos de seguridad cibernética. Un robot autónomo, diseñado para tomar decisiones en tiempo real, podría inadvertidamente causar daños, desde accidentes en fábricas hasta incidentes domésticos.

Por lo tanto, la regulación y supervisión ética deben seguir el paso con el avance tecnológico. Es crucial establecer un marco regulatorio que no solo aborde los aspectos técnicos de la robótica avanzada, sino que también considere los impactos éticos y sociales potenciales. Diseñar estas tecnologías con robustas medidas de seguridad y protocolos de respuesta ante incidentes asegura que los beneficios de la robótica avanzada no se vean empañados por resultados adversos.

Fomentar un diálogo continuo entre desarrolladores,

reguladores y la sociedad es esencial para garantizar que la implementación de la robótica avanzada se haga con un firme compromiso con la seguridad pública y el bienestar común.

Los Riesgos de la Impresión 3D

La impresión 3D, capaz de innovar y personalizar objetos a una escala sin precedentes, también trae consigo significativos riesgos. El mayor desafío es que esta tecnología facilita la fabricación no regulada de objetos peligrosos, incluidas armas. Al permitir la creación de componentes antes estrictamente controlados, la impresión 3D podría fomentar actividades criminales o incluso actos de terrorismo.

La accesibilidad de las impresoras 3D, que permite a cualquier persona con acceso a esta tecnología fabricar objetos potencialmente maliciosos, plantea un dilema ético y de seguridad considerable. Por ello, es crucial desarrollar regulaciones que supervisen y controlen el uso de la impresión 3D, especialmente en cuanto a la creación de materiales peligrosos.

Establecer un marco regulatorio adecuado y efectivo no solo ayudará a prevenir el uso indebido de esta tecnología, sino que también fomentará su desarrollo responsable y seguro, asegurando que su potencial para el bien no se vea eclipsado por posibles consecuencias negativas. La colaboración entre legisladores, tecnólogos y la sociedad será clave para crear un entorno seguro que permita que la impresión 3D siga siendo una fuerza positiva en la innovación tecnológica.

El Desafío del IoT

El Internet de las Cosas (IoT) ha revolucionado cómo conectamos dispositivos cotidianos a la red, incrementando enormemente la eficiencia y accesibilidad de numerosos servicios. Sin embargo, esta integración masiva también lleva consigo riesgos considerables, especialmente en términos de ciberseguridad para infraestructuras críticas. A medida que más dispositivos se conectan, los puntos de vulnerabilidad se multiplican, exponiendo cada elemento conectado a posibles ataques.

Uno de los problemas más preocupantes es la falta de estándares de seguridad uniformes entre los dispositivos IoT. Esta disparidad en las medidas de seguridad facilita que los ciberdelincuentes exploten vulnerabilidades específicas, poniendo en riesgo no solo la información personal de los usuarios, sino también el funcionamiento de sistemas esenciales como redes eléctricas y sistemas de transporte.

Para abordar estos desafíos, es imperativo que los desarrolladores, fabricantes y reguladores trabajen conjuntamente en la creación y aplicación de normativas estrictas de seguridad que sean capaces de proteger tanto los dispositivos como las redes. El desarrollo de estándares robustos y coherentes para el IoT es crucial para mitigar estos riesgos y asegurar que la evolución de esta tecnología sea segura y confiable para todos los usuarios.

Intersección de Tecnologías y Riesgos Multiplicados

La convergencia de desarrollos tecnológicos como el

IoT, la robótica avanzada, y las capacidades de impresión 3D crea un escenario donde los beneficios potenciales se multiplican, pero también lo hacen los riesgos. En un escenario donde un sistema integrado que combine estas tecnologías se vea comprometido, los fallos y ataques cibernéticos podrían desencadenar consecuencias devastadoras y de largo alcance.

Por ejemplo, un robot industrial conectado a internet podría, si se ve comprometido, recibir instrucciones de producir componentes defectuosos mediante impresión 3D. Este tipo de error no solo afectaría la calidad del producto final, sino que también podría comprometer la seguridad de las personas que dependen de estos productos para su vida cotidiana o en entornos laborales críticos.

Ante esta realidad, es crucial implementar medidas de seguridad más sofisticadas y sistemas de vigilancia que puedan prever y neutralizar estos riesgos. La implementación de protocolos de seguridad cruzada y la evaluación constante de vulnerabilidades se hacen imprescindibles para asegurar la integridad de sistemas tan interconectados. La colaboración entre expertos en ciberseguridad, ingenieros de sistemas y diseñadores de políticas será fundamental para desarrollar estrategias que puedan manejar y mitigar los riesgos asociados con la intersección de estas poderosas tecnologías.

La Necesidad de Protocolos de Seguridad en el Avance Tecnológico

Es vital que, en paralelo al avance tecnológico, se fortalezcan los protocolos de seguridad, se promueva la educación sobre los riesgos y las mejores prácticas, y se implementen tecnologías avanzadas de detección y respuesta. Estas medidas son esenciales para garantizar que el potencial de las innovaciones tecnológicas se realice sin comprometer la seguridad o el bienestar de la humanidad.

Debemos tomar lecciones de los errores históricos y actuar con la prudencia y responsabilidad necesarias para prevenir que los desastres tecnológicos ensombrezcan nuestras aspiraciones futuras. El desarrollo de una cultura de seguridad informada y proactiva, combinada con la implementación de soluciones tecnológicas de vanguardia, proporcionará la infraestructura necesaria para mitigar efectivamente los riesgos asociados con el uso y desarrollo de nuevas tecnologías.

Fomentar un diálogo continuo entre innovadores, reguladores y el público en general también será crucial. Este enfoque colaborativo no solo ayudará a identificar y abordar rápidamente las vulnerabilidades emergentes, sino que también cultivará una comunidad global más resiliente y consciente de cómo la tecnología puede servir mejor a la sociedad sin causar daño inadvertido.

Capítulo XIX
El futuro

Al adentrarnos en el año 2040, nos encontramos en el último tramo de la Cuarta Revolución Industrial, una era que ha transformado profundamente el panorama mundial y redefinido cada aspecto de nuestras vidas. Este periodo va a estar marcado por avances significativos en una serie de tecnologías clave que remodelaran industrias, sistemas, estructuras sociales y rutinas diarias de maneras que apenas empezamos a comprender.

Inteligencia Artificial (IA)

La inteligencia artificial se ha consolidado como una herramienta fundamental en una amplia gama de campos. En la medicina, por ejemplo, la IA ahora facilita diagnósticos más precisos y tratamientos personalizados que antes eran impensables. Los sistemas de transporte también se han transformado gracias a la gestión automatizada, mejorando la eficiencia y reduciendo los tiempos de viaje. En el ámbito empresarial, la capacidad de la IA para procesar y analizar grandes volúmenes de datos en tiempo real ha revolucionado la toma de decisiones, optimizando desde las operaciones internas hasta la interacción con los clientes. En el diseño urbano y las políticas públicas, esta tecnología ofrece nuevas perspectivas que permiten a las ciudades ser más sostenibles y adaptativas a las necesidades de sus habitantes.

Robótica

La robótica, por su parte, ha visto una integración sin precedentes tanto en la industria como en la vida cotidiana. En el sector manufacturero, los robots avanzados han revolucionado la producción, llevando a cabo tareas con una eficiencia y precisión que superan las capacidades humanas. Esto no solo ha mejorado la calidad de los productos, sino que también ha reducido los costos y los tiempos de producción. En la logística, la automatización mediante robots ha optimizado la distribución de bienes, haciendo que los procesos sean más rápidos y menos propensos a errores. En el ámbito personal, los robots asisten en tareas diarias, desde la limpieza hasta el cuidado de personas, proporcionando apoyo esencial en hogares y centros de salud, especialmente en situaciones que podrían representar riesgos para los trabajadores humanos.

Biotecnología

En el campo de la biotecnología, hemos alcanzado logros que antes parecían sacados de una novela de ciencia ficción. Las intervenciones médicas a nivel genético ahora son una realidad, ofreciendo tratamientos personalizados para enfermedades que en el pasado eran vistas como incurables. Esto no solo ha extendido la esperanza de vida, sino que también ha mejorado la calidad de vida de millones de personas. Además, en la agricultura, la biotecnología ha permitido el desarrollo de cultivos que son más resistentes a las plagas y al cambio climático y más nutritivos, contribuyendo a la seguridad alimentaria mundial de una manera sostenible.

Tecnología de la Información

Finalmente, la tecnología de la información ha transformado completamente la manera en que nos conectamos y comunicamos. La conectividad de alta velocidad es ahora omnipresente, y la proliferación de dispositivos inteligentes ha creado redes globales que conectan a personas de todos los rincones del planeta. Esta revolución digital ha redefinido las interacciones sociales, permitiendo nuevas formas de comunicación y colaboración. En el comercio, las plataformas en línea ofrecen posibilidades ilimitadas para comprar y vender productos a nivel global. En la educación, el acceso a recursos y conocimientos se ha democratizado, permitiendo a estudiantes de todo el mundo aprender y crecer sin las barreras tradicionales de espacio y tiempo.

La Cuarta Revolución Industrial es un testimonio de cómo la innovación tecnológica puede transformar el mundo. Sin embargo, con estos avances también surgen desafíos importantes, tales como la necesidad de gestionar la privacidad de los datos, la seguridad cibernética, la ética en IA y robótica, y garantizar que los beneficios de estas tecnologías sean accesibles para todos. A medida que avanzamos, será crucial que los desarrollos en estos campos se guíen por un compromiso con la equidad, la sostenibilidad y el bienestar humano.

Hagamos otro ejercicio de pensamiento: Tres futuros en tres ciudades mexicanas para entender cómo podría ser nuestro día a día en unos pocos años.

La Utopía Tecnológica

En este futuro hermoso, nos encontramos en un mundo donde la tecnología no solo avanza a pasos de Usain Bolt sino que también se distribuye de manera equitativa, asegurando que sus beneficios lleguen a cada rincón del planeta. Un ejemplo destacado de esta transformación se puede ver en Guadalajara, una ciudad que se ha convertido en un vibrante hub de tecnología y emprendimiento gracias a políticas gubernamentales proactivas.

Fomento de la Innovación en Guadalajara

Guadalajara ha emergido como un centro de innovación tecnológica, donde startups y empresas consolidadas prosperan al unísono. El gobierno local ha jugado un papel crucial al implementar políticas que garantizan el acceso universal a internet de alta velocidad. Esta infraestructura no solo ha abierto puertas a nuevas oportunidades comerciales sino que también ha facilitado un entorno colaborativo donde las ideas y recursos se comparten libremente, acelerando el ciclo de innovación.

La ciudad ha apostado fuerte por convertirse en un ecosistema tecnológico, ofreciendo incentivos fiscales y subvenciones a las empresas que se establecen en la región y contribuyen al desarrollo tecnológico. Este enfoque ha atraído a talentos de todo el mundo, transformando a Guadalajara en un crisol de creatividad y avance tecnológico.

Educación Personalizada Mediante Tecnología

En este escenario inclusivo, cada estudiante, independientemente de su ubicación o contexto socioeconómico, tiene acceso a una educación personalizada. Las plataformas educativas adaptativas, que utilizan IA para ajustarse a las necesidades de aprendizaje individuales, están ampliamente disponibles. Estas plataformas pueden identificar los puntos fuertes y débiles de los estudiantes en tiempo real, adaptando el contenido para proporcionar un enfoque más personalizado que fomente una comprensión más profunda y un aprendizaje más efectivo.

Estas herramientas no solo hacen el aprendizaje más accesible sino también más atractivo. Los estudiantes pueden explorar sus pasiones y curiosidades a su propio ritmo, y los educadores pueden utilizar los datos generados por estas plataformas para mejorar sus métodos de enseñanza y proporcionar un apoyo más específico donde sea necesario.

Transformación de la Salud Pública

La salud pública ha experimentado una revolución gracias a la tecnología. Diagnósticos a distancia y tratamientos personalizados son ahora la norma, no la excepción. Las tecnologías de IA en la salud han hecho posible que médicos y especialistas brinden atención personalizada a gran escala, utilizando algoritmos que analizan grandes volúmenes de datos para proporcionar diagnósticos precisos y regímenes de tratamiento adaptados a las características genéticas y biomarcadores de cada individuo.

Además, el acceso remoto a servicios médicos ha eliminado muchas barreras geográficas y económicas, permitiendo que pacientes en áreas remotas reciban consultas de alta calidad sin necesidad de desplazarse. Este avance es especialmente valioso en regiones previamente desatendidas, donde la escasez de profesionales médicos a menudo dejaba a la población sin acceso a cuidados esenciales.

En este futuro optimista de inclusión tecnológica, la tecnología actúa como un gran nivelador, proporcionando herramientas que permiten a todos los individuos alcanzar su máximo potencial. Ciudades como Guadalajara se convierten en modelos a seguir, demostrando cómo las políticas adecuadas y la inversión en infraestructura pueden crear sociedades más justas y equitativas. La educación y la salud, dos pilares fundamentales para el desarrollo humano, se han transformado, asegurando que cada persona, sin importar su lugar de origen, tenga la oportunidad de vivir una vida plena y saludable. Este es un mundo donde la tecnología no sólo avanza, sino que eleva a toda la humanidad.

Equilibrio Frágil

Este escenario representa un equilibrio precario donde los beneficios y desafíos de la tecnología coexisten, creando un paisaje variado de progreso y estancamiento. La Ciudad de México (Muy parecida a Night City de Cyberpunk) sirve como un microcosmos de esta realidad dual, donde la innovación tecnológica brilla en algunos distritos mientras que otros enfrentan obstáculos significativos para su desarrollo.

Disparidad Tecnológica en la Ciudad de México

En la Ciudad de México, existen áreas que son verdaderos centros de alta tecnología, equipadas con la última infraestructura digital y hogar de empresas innovadoras que impulsan el desarrollo de nuevas tecnologías. Estos distritos tecnológicos son núcleos de actividad donde las startups florecen, atraídas por políticas gubernamentales que fomentan la inversión y la innovación. Aquí, los residentes disfrutan de servicios automatizados, desde sistemas de transporte inteligente hasta aplicaciones de gobierno electrónico que facilitan la interacción con las autoridades y el acceso a servicios públicos.

Sin embargo, a poca distancia de estas áreas prósperas, existen barrios donde la infraestructura es deficiente y el acceso a la tecnología básica es limitado. En estos lugares, las calles carecen de conectividad a internet de alta velocidad, y muchos de sus habitantes luchan con problemas de acceso a educación y salud de calidad. Las políticas económicas y sociales que han transformado algunos distritos parecen haber pasado por alto estas áreas, dejando a sus residentes en una especie de limbo tecnológico y económico.

Economía Dividida

La economía de la Ciudad de México refleja esta división. En los distritos tecnológicamente avanzados, las industrias de alta tecnología generan riqueza y crean oportunidades de empleo en campos como el software, la biotecnología y la ingeniería. Sin embargo, los sectores más tradicionales, como la manufactura y la agricultura, encuentran dificultades para adaptarse a este nuevo entorno dominado por la tecnología. La capacitación y la inversión en tecnología son costosas, y sin el apoyo adecuado, muchas empresas tradicionales luchan por mantenerse competitivas.

Sociedad Vibrante pero Dividida

La sociedad en la Ciudad de México es vibrante y dinámica, pero también está marcada por profundas divisiones socioeconómicas. Mientras que algunos ciudadanos se benefician de las oportunidades que brinda la era digital, otros se quedan atrás, incapaces de acceder a los recursos necesarios para aprovechar plenamente las ventajas de la tecnología. Esta disparidad no solo afecta el acceso a servicios tecnológicos sino que también se refleja en la educación, el empleo y la calidad de vida.

Las tensiones sociales son palpables, ya que las

expectativas de una vida mejor chocan con la realidad de la desigualdad persistente. Aunque hay esfuerzos por parte de organizaciones no gubernamentales y algunos sectores del gobierno para abordar estas divisiones, los resultados son mixtos y el progreso es lento. La coexistencia de áreas altamente desarrolladas junto a zonas de bajo desarrollo tecnológico y económico crea un tejido social complejo y a menudo contradictorio.

El "Equilibrio Frágil" en la Ciudad de México ilustra un fenómeno global en el que la revolución tecnológica no llega de manera uniforme. En este escenario, la coexistencia de avances significativos y rezagos considerables presenta desafíos únicos. Para avanzar hacia un futuro más inclusivo, es crucial que las políticas tecnológicas y económicas no solo fomenten la innovación sino que también se enfoquen en reducir las brechas existentes, asegurando que los beneficios de la tecnología lleguen a todos los sectores de la sociedad.

El Abandono Tecnológico

En este futuro sombrío, imaginemos un mundo donde la mala gestión y la falta de políticas inclusivas han exacerbado las brechas económicas y sociales existentes. En vez de servir como un puente hacia la igualdad, las tecnologías avanzadas se han convertido en herramientas de división, concentradas en manos de conglomerados poderosos y naciones acaudaladas. Esta visión refleja un mundo profundamente fraccionado, donde la inequidad es la norma más que la excepción.

Monterrey: Un Estudio de Contraste

Tomemos como ejemplo la ciudad de Monterrey para el año 2050. En este escenario, Monterrey podría presentar un contraste alarmante entre sus centros urbanos altamente tecnificados y sus vastas periferias, que se encuentran desprovistas de los servicios básicos más fundamentales, como el acceso a internet. Mientras que en los núcleos urbanos, las innovaciones tecnológicas y la digitalización facilitan una vida de lujos y comodidades avanzadas, las áreas periféricas luchan sin los recursos tecnológicos esenciales, relegadas a una existencia precaria y desconectada.

Automatización y Desempleo

La automatización intensiva, que en otro contexto podría haber sido una fuente de eficiencia y progreso, ha tenido efectos devastadores en el empleo. Millones de trabajadores han sido desplazados por máquinas y software inteligente, exacerbando el desempleo y ensanchando aún más el abismo entre ricos y pobres. Las industrias que anteriormente empleaban a grandes segmentos de la población ahora operan con una fracción del personal humano que alguna vez necesitaron, dejando a un número creciente de personas sin las habilidades o los medios para adaptarse a las nuevas realidades laborales.

Profundización de la Desigualdad Social y Económica

La desigualdad social y económica se ha profundizado a un ritmo alarmante. Las élites económicas y tecnológicas disfrutan de un aumento en su calidad de vida y acceso a servicios avanzados, mientras que la mayoría de la población enfrenta condiciones de vida en deterioro y un acceso decreciente a oportunidades económicas. Esta disparidad no solo limita el potencial económico de las regiones afectadas, sino que también genera un terreno fértil para el descontento y la inestabilidad social.

Conflictos y Movimientos Sociales

Los conflictos y protestas se han vuelto frecuentes, recordando a los movimientos sociales del pasado pero con una intensidad y escala mucho mayores. La población, frustrada y desesperada por cambios significativos, se ha movilizado en protestas que a menudo resultan en enfrentamientos violentos con las fuerzas del orden, que están cada vez más militarizadas y equipadas con tecnologías de vigilancia y represión. Estos movimientos no solo reflejan la lucha contra la desigualdad y la exclusión, sino también un rechazo profundo al modelo de desarrollo tecnológico que ha privilegiado a unos pocos mientras abandona a la mayoría.

Este escenario negativo de abandono tecnológico presenta un futuro desolador donde la tecnología, en lugar de ser una fuerza para el bien común, se convierte en un instrumento de desigualdad y división. Para evitar este futuro, es crucial que las políticas tecnológicas y económicas se diseñen de manera que promuevan la inclusión y la equidad, asegurando que los beneficios de la innovación tecnológica sean compartidos de manera más amplia y justa a través de todas las capas de la sociedad.

Capítulo XX
Reflexiones finales

La Revolución 4.0 no es simplemente un cambio; es una transformación completa que redefine nuestras interacciones cotidianas, tanto en lo personal como en lo empresarial. Este libro ha explorado la Cuarta Revolución Industrial y su impacto monumental en el mundo de los negocios, desde la inteligencia artificial hasta la ciberseguridad avanzada. La conclusión es inequívoca: la adaptación no es solo beneficiosa; es esencial para la supervivencia y prosperidad en esta nueva era.

Adaptabilidad: La Clave del Éxito en la Era Digital

En la Revolución 4.0, ser adaptable es más crucial que ser grande o fuerte. Las pequeñas y medianas empresas deben ser flexibles y evolucionar rápidamente para seguir siendo relevantes, quienes no se adapten morirán (empresarialmente).

Esto implica integrar nuevas tecnologías de manera eficiente y responder con agilidad a los cambios del mercado. La adaptabilidad no solo se refiere a la adopción de tecnología, sino también a la capacidad de cultivar una cultura organizacional que valore la innovación y la flexibilidad.

Más allá de la tecnología, la adaptabilidad se arraiga profundamente en la cultura organizacional. Las PYMES exitosas cultivan entornos que valoran la flexibilidad, el aprendizaje continuo y la innovación abierta. Esto implica fomentar una mentalidad que no solo tolera el cambio, sino que lo celebra. El empoderamiento de los empleados para que tomen iniciativas y experimenten puede llevar a innovaciones significativas, mientras que la capacitación continua asegura que su equipo no solo se adapte, sino que prospere en un paisaje tecnológico en constante evolución.

La adaptabilidad también implica una capacidad para responder con agilidad a los cambios del mercado. Esto puede significar desde ajustar rápidamente las líneas de productos en respuesta a las tendencias de los consumidores hasta cambiar los modelos de negocio para capitalizar nuevas oportunidades. La pandemia de COVID-19 ilustró la importancia de esta adaptabilidad, con empresas que se adaptaron rápidamente al comercio electrónico o modelos de entrega a domicilio frente a restricciones de movilidad, encontrando nuevas vías para servir a sus clientes.

Recuerda que cuando cayó el meteorito fueron los mamíferos adaptables y no los dinosaurios los ganadores en el esquema evolutivo.

Reconocimiento y Aprovechamiento de Oportunidades

La Revolución 4.0 abre un panorama de oportunidades para mejorar la eficiencia operativa y personalizar la experiencia del cliente. Las empresas que identifican y aprovechan estas oportunidades pueden mejorar significativamente su posición competitiva. Esto requiere una visión clara y una mentalidad abierta, siempre atentos a cómo las nuevas tecnologías pueden mejorar los procesos y productos.

Adoptar una cultura de innovación abierta facilita la exploración de nuevas ideas y el aprovechamiento de oportunidades emergentes. Las empresas que fomentan un entorno donde se valora la experimentación y el riesgo controlado, son más propensas a descubrir nichos de mercado únicos y soluciones innovadoras. Incentivar la colaboración entre departamentos y con externos, como startups, instituciones académicas y otros socios, puede ampliar las perspectivas y acelerar el desarrollo de nuevos productos o servicios.

El corazón de la Revolución 4.0 es su enfoque en el cliente. Las tecnologías emergentes, como el big data y la inteligencia artificial, permiten una personalización sin precedentes en productos y servicios. Las PYMES que escuchan activamente a sus clientes y adaptan rápidamente sus ofertas para satisfacer sus expectativas pueden construir una lealtad significativa y diferenciarse de la competencia. Utilizar tecnologías para mejorar la experiencia del cliente no sólo impulsa las ventas, sino que también refuerza la imagen de la empresa como líder innovador en su industria.

Evaluación de Riesgos y Gestión de la Incertidumbre

Si bien la búsqueda de nuevas oportunidades es esencial, también lo es la habilidad para evaluar los riesgos asociados. Las PYMES deben desarrollar marcos robustos de gestión de riesgos que les permitan balancear el potencial de ganancia contra la posibilidad de pérdida. Esto incluye la evaluación de la viabilidad técnica, financiera y de mercado de nuevas iniciativas antes de comprometer recursos significativos.

Tomar Decisiones Basadas en Datos

En un mundo impulsado por datos, las decisiones informadas son la base del éxito empresarial. Invertir en sistemas de análisis de datos robustos permite a las empresas tomar decisiones estratégicas basadas en información precisa, mejorando la previsión y la planificación. Los datos son el nuevo petróleo; su análisis puede proporcionar una ventaja competitiva sustancial, ofreciendo insights para entender mejor a los clientes y optimizar las operaciones.

Para que las PYMES aprovechen efectivamente los datos, es fundamental la implementación de sistemas robustos de análisis. Esto incluye la integración de software de Business Intelligence (BI) y plataformas de análisis que pueden procesar grandes volúmenes de datos y transformarlos en información comprensible y accionable. La clave está en seleccionar herramientas que no solo se ajusten a las necesidades actuales de la empresa, sino que también sean escalables para adaptarse a su crecimiento futuro.

Desarrollar una cultura que valore y entienda el uso de los datos es tan importante como implementar la tecnología en sí. Esto implica capacitar a los empleados en análisis de datos y fomentar un ambiente donde las decisiones basadas en datos sean la norma y no la excepción. Las PYMES deben invertir en formación continua para asegurar que su equipo pueda aprovechar las herramientas de análisis y comprender los insights que estas proporcionan.

Las decisiones basadas en datos son fundamentales para navegar la Revolución 4.0. Las PYMES que invierten en sistemas de análisis adecuados, capacitan a sus equipos para usar estos sistemas y cultivan una cultura de toma de decisiones basada en datos, no solo mejoran su operatividad y eficiencia sino que también fortalecen su posición en el mercado. En última instancia, los datos no son sólo un recurso; son un activo estratégico que, cuando se utiliza correctamente, puede ser un motor poderoso de innovación y crecimiento.

Planificación Estratégica Efectiva

El éxito en la Revolución 4.0 no sólo depende de adaptarse a las nuevas tecnologías, sino también de integrar estas herramientas dentro de una estrategia empresarial bien definida y flexible.

Desarrollar una estrategia bien pensada es esencial para navegar la complejidad de la nueva era industrial. Las empresas deben alinear sus objetivos tecnológicos con sus metas empresariales para asegurar una implementación efectiva de nuevas tecnologías. Esta estrategia debe ser lo suficientemente flexible para adaptarse a las condiciones cambiantes del mercado y la emergencia de nuevas tecnologías.

Una planificación estratégica en la Revolución 4.0 requiere flexibilidad y agilidad. Dada la velocidad del cambio tecnológico, las PYMES deben ser capaces de ajustar sus estrategias rápidamente en respuesta a nuevos desarrollos y condiciones cambiantes del mercado. Esto implica establecer procesos que permitan revisiones periódicas de la estrategia y mecanismos para pivotar o adaptar tácticas sin alterar los objetivos a largo plazo.

La evaluación continua es vital para mantener la relevancia de la estrategia. Las PYMES deberían implementar sistemas de monitoreo para medir la efectividad de sus estrategias y hacer ajustes cuando sea necesario. Estos sistemas pueden incluir indicadores de rendimiento clave (KPIs) que reflejen tanto el progreso tecnológico como el éxito empresarial, asegurando que la estrategia no sólo sea ambiciosa sino también alcanzable y medible.

En el dinámico entorno de la Revolución 4.0, una planificación estratégica cohesiva es más crucial que nunca. Las PYMES deben diseñar estrategias que no sólo aborden las necesidades actuales sino que también anticipen futuros desafíos y oportunidades. Una estrategia efectiva proporciona un marco que guía la adopción e implementación de tecnologías, asegurando que cada inversión tecnológica respalde directamente los objetivos empresariales a largo plazo.

La planificación estratégica en la Revolución 4.0 no es un ejercicio estático, sino un proceso dinámico que requiere revisión constante y adaptación.

Valoración del Capital Humano

Más allá de la tecnología, las personas son el activo más

valioso de cualquier empresa, SIEMPRE. Fomentar un ambiente de trabajo que promueva la colaboración, la creatividad y el bienestar es crucial. Ofrecer oportunidades de desarrollo personal y profesional no solo mejora la innovación, sino que también aumenta la capacidad de adaptarse a los cambios del mercado.

Aunque las tecnologías avanzadas como la inteligencia artificial y la automatización transforman las operaciones empresariales, son las personas las que orquestan estos cambios y generan innovación.

Las PYMES deben reconocer que la tecnología por sí sola no es una panacea; el verdadero valor se desbloquea cuando la tecnología y el talento humano trabajan en conjunto. Valorizar el capital humano significa entender y fomentar el potencial humano para crear, innovar y resolver problemas de manera que ninguna máquina podría hacer por sí sola. La formación continua es crucial para mantener a la fuerza laboral al día con las últimas tecnologías y metodologías. Las PYMES deben comprometerse con programas de capacitación que no solo aborden las habilidades técnicas necesarias para operar nuevas herramientas, sino que también fomenten habilidades blandas como el pensamiento crítico, la creatividad y la adaptabilidad. Invertir en el desarrollo profesional de los empleados no solo aumenta la eficiencia operativa, sino que también mejora la satisfacción laboral y la retención de talento.

Crear un ambiente de trabajo que promueva la inclusión y la colaboración es fundamental para aprovechar al máximo el capital humano. Un entorno inclusivo asegura que todos los empleados se sientan valorados y puedan aportar sus ideas únicas, lo cual es esencial para la innovación. La colaboración entre diferentes departamentos y disciplinas puede llevar a soluciones más creativas y efectivas, rompiendo silos que tradicionalmente han limitado el potencial empresarial.

Reconocer y recompensar el esfuerzo y la innovación es crucial para motivar a los empleados y fomentar un ambiente donde se valore la contribución individual. Las PYMES pueden implementar sistemas de reconocimiento que no solo ofrecen recompensas materiales, sino también oportunidades de crecimiento y liderazgo. Celebrar los logros fomenta una cultura de excelencia y compromiso con los objetivos empresariales.

Fomento del Aprendizaje Continuo

La rápida evolución tecnológica requiere que las habilidades técnicas de los empleados se actualicen constantemente. Promover una cultura de aprendizaje continuo es esencial para mantener al personal competente y eficaz. Los programas de capacitación deben ser una prioridad constante para las empresas que desean mantenerse a la vanguardia.

El capital humano es, y seguirá siendo, un pilar fundamental del éxito empresarial en la Revolución 4.0. Las PYMES que invierten en sus empleados y cultivan un ambiente de trabajo que promueve la colaboración, la innovación y el bienestar están mejor equipadas para enfrentar los desafíos de la era digital.

Actuación Ética en la Adopción Tecnológica

La ética debe ser central en todas las decisiones empresariales, especialmente en la adopción y uso de nuevas tecnologías. Actuar de manera ética fortalece la confianza y la lealtad entre los clientes y empleados, asegurando que las prácticas empresariales sean no solo legales, sino también justas y responsables.

Las decisiones sobre cómo se implementan y utilizan las tecnologías pueden tener un impacto significativo en la sociedad. Temas como la privacidad de datos, la seguridad cibernética y el impacto social de la automatización son preocupaciones centrales. Las empresas que ignoran estos aspectos éticos se arriesgan a perder la confianza de sus stakeholders y enfrentar repercusiones legales y de imagen.

Es esencial que todos los empleados entiendan las implicaciones éticas de las tecnologías que utilizan en su trabajo diario. Las PYMES deberían ofrecer formación específica sobre cómo las decisiones tecnológicas afectan a la privacidad, seguridad y bienestar general de las personas.

Actuar éticamente en la implementación de tecnologías durante la Revolución 4.0 no es solo un deber moral, sino una estrategia empresarial prudente. Las PYMES que priorizan la ética en sus estrategias tecnológicas no solo evitan riesgos legales y reputacionales, sino que también refuerzan su posición en el mercado como líderes responsables.

Uso Eficiente de los Recursos

La gestión eficiente de los recursos no solo puede reducir costos, sino también mejorar la agilidad y la capacidad de respuesta de la empresa. Las PYMES, en particular, deben asegurarse de que cada inversión en recursos —ya sea tiempo, dinero o talento— contribuya directamente a sus objetivos estratégicos.

Maximizar la eficiencia en el uso de recursos es vital para cualquier empresa. Esto incluye la gestión estratégica de los recursos financieros, el tiempo y el capital humano. Las empresas deben asegurarse de que cada inversión tecnológica entregue el máximo retorno posible, minimizando el desperdicio y aumentando la productividad. Desarrollar presupuestos que reflejen las prioridades estratégicas de la empresa y que incluyan provisiones para contingencias y oportunidades inesperadas, es simplemente fundamental.

Antes de adoptar nuevas tecnologías, las PYMES deben evaluar cuidadosamente su relevancia y potencial retorno de inversión. Esto incluye considerar si una tecnología puede ser escalada o adaptada a medida que la empresa crece y cambia. Utilizar la automatización para mejorar la eficiencia en procesos clave. Esto no solo reduce la carga de trabajo manual, sino que también minimiza los errores y libera a los empleados para que se concentren en tareas de mayor valor. Implementar modelos de trabajo flexibles que puedan adaptarse a las necesidades cambiantes del negocio y del mercado, como el trabajo remoto o los horarios flexibles, para mejorar la satisfacción y eficiencia del empleado.

Reflexiones Finales

La Revolución 4.0 está redefiniendo rápidamente el paisaje empresarial. Las empresas que se adaptan y utilizan estratégicamente las nuevas tecnologías no solo sobrevivirán; prosperarán. Los líderes que comprenden y actúan sobre esta dinámica pueden transformar significativamente sus organizaciones, promoviendo un entorno de trabajo enriquecedor y productivo.

Estamos solo al comienzo de esta era transformadora, y las decisiones que tomemos ahora moldearán no solo el futuro de las industrias sino también el contexto social más amplio. Este libro es un llamado a mantenerse informado, participar activamente en debates y contribuir a un futuro que equilibre los avances tecnológicos con la sostenibilidad y justicia social.

Ya estuviste mucho tiempo leyendo, ahora sal a hacer negocios, arrímate a un experto y transforma tu negocio.

Un Glosario de Términos de Uso Común en esta Revolución

Agentes Virtuales: Programas que pueden realizar tareas específicas o navegar en entornos de forma autónoma, aprendiendo y adaptándose a medida que adquieren nueva información.

Alucinación: En IA, se refiere a un error cometido por un modelo donde se generan salidas incorrectas o sin sentido que no se alinean con la realidad o la tarea intencionada.

Analítica en Tiempo Real: Capacidad de procesar y analizar datos al instante, permitiendo la toma de decisiones inmediata basada en información actualizada.

Analítica Predictiva: Utilización de datos, algoritmos estadísticos y técnicas de machine learning para identificar la probabilidad de resultados futuros basados en datos históricos. Es esencial para la toma de decisiones en la Industria 4.0.

Automatización del Servicio al Cliente: Uso de IA y tecnologías avanzadas para mejorar la eficiencia y la calidad del servicio al cliente.

Automatización Industrial: Uso de sistemas y tecnologías avanzadas para automatizar procesos de producción y mejorar la eficiencia y precisión en la manufactura.

Automatización Robótica de Procesos (RPA): Uso de software para automatizar tareas repetitivas y rutinarias en los procesos empresariales.

Autonomización: Desarrollo e implementación de tecnologías que permiten a máquinas y sistemas operar de manera independiente, sin intervención humana.

Big Data: Conjuntos de datos masivos que, debido a su volumen, variedad y velocidad, requieren tecnologías avanzadas y métodos analíticos para su procesamiento y análisis.

Big Data Management (Gestión de Datos de Gran Volumen): Prácticas y tecnologías para manejar y analizar grandes volúmenes de datos de manera eficiente.

BIM (Modelado de Información de Construcción): Proceso que genera y gestiona representaciones digitales de las características físicas y funcionales de los lugares.

Blockchain: Tecnología de registro distribuido que asegura la integridad y transparencia de las transacciones mediante bloques enlazados y cifrados.

Blockchain Privado: Redes de Blockchain diseñadas para ser utilizadas por una organización específica con permisos controlados.

Cadenas de Suministro Digitales: Uso de tecnologías digitales para mejorar la visibilidad, eficiencia y resiliencia de las cadenas de suministro.

Ciberseguridad: Protección de sistemas, redes y programas informáticos contra ataques digitales, asegurando la integridad y privacidad de los datos.

Ciberseguridad de Sistemas Industriales: Protección de los sistemas de control industrial y la infraestructura crítica contra ataques cibernéticos.

Computación Cognitiva: Sistemas de IA que simulan procesos de pensamiento humano para mejorar la toma de decisiones y resolver problemas complejos.

Computación Cuántica: Tecnología emergente que utiliza principios de la mecánica cuántica para realizar cálculos complejos de manera mucho más rápida que las computadoras clásicas.

Computación en la Nube: Tecnología que permite el acceso a recursos de computación, como el poder de procesamiento y almacenamiento de datos, a través de internet sin necesidad de tener infraestructura física propia, facilitando la escalabilidad y flexibilidad en las operaciones empresariales.

Computación en la Nube Híbrida: Uso combinado de nubes públicas y privadas para optimizar la flexibilidad y escalabilidad de las operaciones de TI.

Computación Periférica (Fog Computing): Extensión de la computación en la nube que proporciona procesamiento de datos más cerca del lugar donde se generan.

Convergencia Tecnológica: Combinación de diferentes tecnologías avanzadas para crear soluciones innovadoras y mejorar la eficiencia.

Copiloto: Herramientas o sistemas que asisten a los desarrolladores en la escritura de código, proporcionando sugerencias, autocompletados y otras funciones útiles basadas en patrones aprendidos de grandes repositorios de código.

Deep Fake: Uso de inteligencia artificial para crear videos e imágenes alteradas, simulando eventos no reales.

Digitalización: Proceso de convertir información y procesos físicos en formato digital para mejorar la eficiencia y accesibilidad.

Economía Circular: Enfoque económico que prioriza la reutilización, el reciclaje y la reducción de residuos en los procesos de producción y consumo.

Economía de Plataforma: Modelo económico basado en plataformas digitales que facilitan el intercambio de bienes, servicios e información.

Edge Computing: Proceso de llevar la computación y el almacenamiento de datos más cerca de la fuente de datos para reducir la latencia y el uso de ancho de banda.

Energía Inteligente: Uso de tecnologías avanzadas para gestionar y optimizar la producción, distribución y consumo de energía.

Fabricación Personalizada: Producción de bienes a medida según las especificaciones individuales del cliente, utilizando tecnologías avanzadas.

Fábricas Inteligentes: Instalaciones de manufactura altamente digitalizadas y conectadas que utilizan tecnologías avanzadas para optimizar la producción y mantenimiento.

Gemelos Digitales: Representaciones digitales de un objeto o sistema físico que se utilizan para simular, predecir y optimizar el rendimiento del objeto o sistema representado.

Gemelos Virtuales: Representaciones virtuales detalladas de sistemas complejos que permiten simular, predecir y optimizar el rendimiento en tiempo real.

Gobierno Digital: Implementación de tecnologías digitales para optimizar los servicios gubernamentales, haciéndolos más accesibles y eficientes.

Hiper Automatización: Expansión de la automatización mediante el uso de IA, machine learning y RPA para automatizar procesos complejos.

IA Generativa: Sistemas capaces de crear nuevo contenido, como imágenes, texto o música, basados en patrones aprendidos de datos existentes.

Impresión 3D: Proceso de creación de objetos tridimensionales a partir de un archivo digital, mediante la adición sucesiva de material capa por capa.

Industria 4.0: Término que se refiere a la nueva fase en la industrialización que se caracteriza por la interconexión de máquinas, sistemas y procesos a través de tecnologías de la información y comunicación.

Infraestructura Inteligente: Implementación de tecnologías avanzadas en infraestructuras urbanas para mejorar su eficiencia y sostenibilidad.

Innovación Disruptiva: Innovaciones que crean nuevos mercados y desplazan a las tecnologías existentes.

Integración de Sistemas: Proceso de conectar diferentes sistemas y aplicaciones para que funcionen juntos de manera coherente.

Inteligencia Ambiental: Integración de sensores y dispositivos inteligentes en el entorno para mejorar la interacción y respuesta del entorno a las necesidades humanas.

Inteligencia Artificial Descriptiva: Uso de herramientas y técnicas de análisis de datos para describir y entender eventos pasados.

Inteligencia Artificial Explicable (XAI): Métodos y técnicas que hacen que los modelos de IA sean más comprensibles y transparentes para los humanos.

Inteligencia de Negocios (BI): Tecnologías, aplicaciones y prácticas para la recopilación, integración, análisis y presentación de información empresarial. El propósito de la inteligencia de negocios es soportar una mejor toma de decisiones empresariales.

Interfaces Hombre-Máquina (HMI): Tecnologías que permiten la interacción eficiente y segura entre humanos y máquinas.

IoT: Conexión de dispositivos a internet para intercomunicación y análisis de datos, mejorando su eficiencia y funcionalidad.

LLMs (Large Language Models): Modelos de IA avanzados que pueden entender y generar lenguaje humano, entrenados en vastas cantidades de texto para producir respuestas coherentes y contextualmente relevantes.

Logística 4.0: Integración de tecnologías avanzadas en la logística para mejorar la eficiencia y la transparencia en la gestión de la cadena de suministro.

Machine Learning (Aprendizaje Automático): Subcampo de la inteligencia artificial que se centra en el desarrollo de sistemas que pueden aprender de los datos y mejorar su actuación de manera autónoma.

Manufactura Aditiva: Proceso de crear objetos tridimensionales añadiendo material capa por capa, comúnmente conocido como impresión 3D.

Manufactura Inteligente: Uso de tecnologías avanzadas como IoT, IA y robótica para optimizar los procesos de producción.

Minería de Datos: El proceso de descubrir patrones y conocimientos valiosos de grandes conjuntos de datos, utilizando métodos de IA y estadística.

Modelado Predictivo: Técnica de análisis de datos que utiliza modelos matemáticos y estadísticos para predecir resultados futuros.

NPL (Procesamiento del Lenguaje Natural): La rama de la IA que se centra en la interacción entre las computadoras y el lenguaje humano, trabajando para que las máquinas entiendan y procesen el lenguaje hablado y escrito.

Next Gen Robotics: La robótica de próxima generación integra IA y aprendizaje automático, permitiendo que los robots realicen tareas complejas de forma autónoma.

Prompt: Una instrucción específica o entrada proporcionada a un modelo de IA para generar el resultado deseado, guiando su comportamiento y respuestas.

Redes 5G: Quinta generación de tecnología de redes móviles que ofrece velocidades de datos significativamente más rápidas, menor latencia y mayor capacidad de conexión simultánea.

Redes Definidas por Software (SDN): Tecnología que permite a los administradores gestionar y controlar redes mediante software en lugar de hardware especializado.

Redes IoT Industriales (IIoT): Aplicación de IoT en el sector industrial para mejorar la conectividad y el análisis de datos en tiempo real.

Redes Neuronales: Modelos computacionales diseñados para reconocer patrones de manera similar al cerebro humano, facilitando la toma de decisiones y el aprendizaje automático en aplicaciones de IA.

Redes de Valor Digitales: Ecosistemas de empresas interconectadas que colaboran utilizando tecnologías digitales para crear y entregar valor.

Realidad Aumentada (RA): Tecnología que superpone información digital en el entorno real del usuario, ampliando así su percepción del mundo real.

Realidad Virtual (RV): Tecnología que crea un entorno completamente virtual para la interacción del usuario, utilizado en simulaciones y entrenamiento.

Robótica Autónoma: Robots que pueden operar de manera independiente utilizando tecnologías avanzadas de percepción y control.

Robótica colaborativa (Cobot): Robots diseñados para trabajar junto a humanos en un entorno compartido, mejorando la eficiencia y la seguridad.

Sensores Inteligentes: Dispositivos que recopilan y procesan datos en tiempo real, proporcionando información valiosa para la toma de decisiones.

Servicios Basados en la Localización (LBS): Aplicaciones que utilizan la ubicación geográfica del usuario para ofrecer servicios personalizados.

Sistemas Autónomos: Sistemas que pueden operar y tomar decisiones de manera independiente sin intervención humana.

Sistemas Ciber-físicos (CPS): Integración de mecanismos de computación, redes y procesos físicos. Los sistemas ciber-físicos utilizan algoritmos de software para monitorear y controlar los objetos físicos en su entorno.

Sistemas de Planificación de Recursos Empresariales (ERP): Software que ayuda a las empresas a gestionar y automatizar muchas prácticas del negocio relacionado con los aspectos operativos o productivos, integrando aplicaciones vitales para recolectar, almacenar, gestionar e interpretar datos de muchas actividades empresariales.

Simulación: Uso de modelos computacionales para replicar el comportamiento de sistemas reales con el fin de analizar y mejorar su funcionamiento.

Tecnologías vestibles (Wearables): Dispositivos electrónicos que se llevan puestos en el cuerpo y proporcionan datos en tiempo real y capacidades de comunicación.

Visión por Computadora: Tecnología que permite a las computadoras y sistemas entender y procesar imágenes y videos de manera similar a la percepción humana, utilizada en inspecciones automáticas y aplicaciones de realidad aumentada.

Guía de Supervivencia en Ciberseguridad para Pymes

Las amenazas cibernéticas no son solo un problema para grandes corporaciones y gobiernos; las pequeñas empresas también pueden ser objetivos. De hecho, hay evidencia de que las pequeñas empresas son más vulnerables a los ciberataques, en gran parte porque a veces carecen de los recursos para protegerse de manera efectiva.

Proteger tu negocio de los ciberataques es crucial, pero con el panorama cibernético evolucionando constantemente, puede ser abrumador saber por dónde empezar. Aquí hay una guía para ayudar a las pequeñas empresas a sobrevivir las amenazas cibernéticas más comunes.

Solo recuerda, la única computadora que está 99% o más a salvo es aquella que está encerrada en un búnker bajo tierra con guardas super leales armados y entrenados, dentro de una jaula de Faraday y sin conexión a internet ni a otros dispositivos.

Importancia de la Ciberseguridad para Pequeñas Empresas

Los ciberataques ponen en riesgo tu dinero, datos y equipos de TI. Si un hacker obtiene acceso a tu red, puede causar un daño significativo con lo que encuentre, como:

- Listas de clientes
- Información de tarjetas de crédito de clientes
- Detalles bancarios de tu empresa
- Estructura de precios
- Diseños de productos
- Planes de crecimiento empresarial
- Procesos de fabricación
- Otros tipos de propiedad intelectual

Estos ataques no solo ponen en riesgo a tu empresa; los hackers pueden usar el acceso a tu red como un trampolín para infiltrarse en las redes de otras empresas con las que tu negocio forma parte de la cadena de suministro. Además, con más personas trabajando remotamente, la ciberseguridad para los negocios se ha vuelto aún más importante.

Impacto de los Ciberataques en Pequeñas Empresas

Un ciberataque puede tener un impacto devastador en tu negocio. De hecho, muchas de las pequeñas empresas que son víctimas de un ataque cierran dentro de los seis meses posteriores a la brecha. Otros posibles impactos incluyen:

- Pérdidas financieras por el robo de información bancaria
- Pérdidas financieras por la interrupción del negocio
- Altos costos para eliminar amenazas de la red
- Daño a tu reputación al informar a los clientes que su información fue comprometida

Consejos de Ciberseguridad para Pequeñas Empresas

Prohibir el Acceso a Aplicaciones Personales y Sitios No Comerciales

Prohíbe a los usuarios acceder a aplicaciones personales y sitios no comerciales. Instala tecnología de detección y respuesta en endpoints (EDR) confiable y probada.

Externaliza Sistemas Clave de TI

Subcontrata sistemas clave de TI a plataformas establecidas para no ser responsable de asegurar todo internamente. Usa servicios en la nube para funciones como correo electrónico y nómina.

Utiliza un Gestor de Contraseñas y MFA

Utiliza un gestor de contraseñas con autenticación multifactor (MFA) para organizar y crear contraseñas seguras.

Abraza la Nube

Usa servicios en la nube tanto como sea posible. Los proveedores de la nube ofrecen servicios de seguridad integrados.

Educa a tu Equipo sobre Phishing

Educa a tu equipo sobre el phishing. Muchas brechas provienen de estafas básicas por correo electrónico.

Audita y Elimina Cuentas y Servicios No Utilizados

Audita y elimina cuentas y servicios no utilizados regularmente para reducir puntos de entrada potenciales. En América Latina, es común que las empresas tengan sistemas heredados que no siempre son seguros. Auditar estos sistemas puede revelar vulnerabilidades ocultas.

Mantén Actualizado el Software de Seguridad

Asegúrate de que tu software de seguridad esté siempre actualizado. En regiones donde el acceso a internet puede ser inestable, habilita actualizaciones automáticas en horarios fuera de pico para garantizar que se realicen sin interrupciones.

Forma Alianzas de Ciberseguridad con Otras Pequeñas Empresas

Forma alianzas con otras pequeñas empresas para compartir información sobre amenazas recientes. En América Latina, las cámaras de comercio locales pueden ser un recurso valioso para coordinar estas alianzas.

Cambia Todas las Contraseñas Regularmente

Cambia todas las contraseñas periódicamente y asegúrate de que el sistema registre y requiera las nuevas contraseñas. Establecer recordatorios automáticos puede ayudar a mantener esta práctica.

Explora Múltiples Opciones de Proveedores

Habla con más de un proveedor antes de comprar para validar soluciones y evitar decisiones impulsadas por el miedo.

Investiga Herramientas de Seguridad y Cumplimiento

Usa herramientas asequibles de seguridad y cumplimiento que proporcionen un marco y plantillas para políticas. En América Latina, muchas veces se subestima la importancia de cumplir con normativas internacionales, pero hacerlo puede mejorar significativamente la seguridad.

Aprovecha Recursos Gratuitos del Gobierno

Usa recursos gratuitos del gobierno para informarte y tomar decisiones informadas sobre ciberseguridad. Países como México, Argentina y Brasil tienen iniciativas gubernamentales para ayudar a las pymes con recursos de ciberseguridad.

Actualiza Regularmente Todo el Software y las Aplicaciones

Actualiza regularmente todo el software y las aplicaciones para proteger datos críticos. Considera usar soluciones que ofrezcan parches de seguridad automáticos.

Realiza Sesiones Regulares de Capacitación en Ciberseguridad

Capacita a tu personal regularmente sobre las mejores prácticas de ciberseguridad. En Latinoamérica, las capacitaciones pueden ser más efectivas si se realizan en el idioma local y se consideran prácticas culturales.

Establece Expectativas Básicas para los Empleados

Crea e implementa políticas de uso aceptable, control

de acceso y seguridad física.

Cambia Todas las Contraseñas Predeterminadas

Cambia las contraseñas predeterminadas en enrutadores y cortafuegos. En muchas empresas latinoamericanas, aún se utilizan contraseñas predeterminadas que son fácilmente vulnerables.

Compra Seguro de Ciberseguridad

Adquiere un seguro de ciberseguridad para proteger a tu negocio en caso de un ataque. Este tipo de seguro está cada vez más disponible en el mercado latinoamericano.

Automatiza Tareas y Mantenimiento de Rutina

Automatiza tareas como la instalación de actualizaciones y la creación de cuentas de usuarios.

Incorpora Seguridad desde el Primer Día

Incorpora la seguridad en todas las operaciones desde el primer día. Esto incluye desde la planificación hasta la ejecución de nuevas tecnologías y procesos.

No Hagas "DIY" Ciberseguridad

No intentes hacer ciberseguridad tú mismo; busca socios dedicados que piensen en la ciberseguridad como una plataforma integral.

Estadísticas y la Realidad de la Ciberseguridad en Pequeñas Empresas

Las estadísticas muestran que la ciberseguridad es una amenaza legítima para las pequeñas empresas, pero los dueños no siempre actúan sobre esa base. Según las estadísticas de PurpleSec, el ciberdelito ha aumentado en un 600% durante la pandemia de COVID-19 y se predice que los ciberataques se duplicarán para 2025. Sin embargo, una encuesta del Cyber Readiness Institute mostró que el 60% de las empresas encuestadas no tienen políticas en este ámbito.

Aunque no es justo concluir que las pequeñas empresas no se preocupan por la ciberseguridad, sí parece que están dispuestas a ignorar las preocupaciones. A pesar de estadísticas alarmantes y artículos que inundan internet, muchas pequeñas empresas consistentemente subestiman el riesgo de ciberataques.

Impacto de la Falta de Ciberseguridad

Si no proteges tu negocio contra amenazas de ciberseguridad, podrías perder información crítica de la empresa, dañar tu marca y perder dinero. Los ciberataques pueden ser tan severos que las empresas simplemente no pueden cubrir el costo; IBM calculó que el costo promedio de una brecha de datos fue de $4.24 millones en 2021.

Necesidad de Ciberseguridad para las Pequeñas Empresas

"Los dueños de pequeñas empresas no pueden pensar que su negocio es demasiado pequeño para ser hackeado", dijo Monique Becenti, gerente de marketing de producto en Zimperium. "Aunque las brechas que aparecen en los titulares tienden a estar asociadas con grandes empresas, ninguna empresa es inmune a las ciberamenazas".

Consejos Adicionales

Consulta con expertos: Si la razón por la que tu empresa evita tomar medidas de ciberseguridad es la falta de conocimiento, hay expertos dispuestos a ofrecer asesoramiento en términos sencillos. En América Latina, puedes buscar asesoría en universidades locales o instituciones de formación técnica.

Clases de Ciberseguridad en Línea:

Toma clases en línea para capacitar a tu equipo y comprender dónde tu empresa carece de protección en línea. Algunas opciones gratuitas incluyen:

SANS Cyber Aces Online: Ideal para principiantes.

Cybrary: Acceso gratuito a cientos de cursos relacionados con ciberseguridad e IT.

Foundations of Cybersecurity: Curso gratuito de Springboard con más de 37 horas de material.

Conciencia sobre Phishing: Los ataques de phishing son comunes. Educa a tu equipo sobre cómo reconocer correos electrónicos sospechosos y evitar enviar información financiera personal por correo electrónico. En América Latina, los ataques de phishing a menudo se dirigen a empleados que manejan finanzas y recursos humanos.

Preparación contra Ransomware: Usa software antimalware y realiza copias de seguridad regulares de datos para protegerte contra ataques de ransomware. Nunca pagues un rescate si eres atacado.

Mejora la Fortaleza de las contraseñas: Cambia las contraseñas débiles por contraseñas seguras y utiliza un gestor de contraseñas. Implementa autenticación multifactor en las cuentas de la empresa.

No hay excusa para que las pequeñas empresas ignoren completamente la ciberseguridad en 2024. Proteger datos sensibles mejorando la ciberseguridad es una necesidad crítica. Implementar estas prácticas y mantenerse informado sobre las amenazas actuales puede reducir significativamente el riesgo de comprometer tu información y mantener tus datos seguros en el entorno digital

Acerca de la autora
Alice A. Siman

Soy Alice, una empresaria Chiapaneca y CEO de un estudio de data science llamado Datability MX. Soy científica de datos, desarrolladora de IA y experta en prompt engineering.

Fundé Thuum, una agencia de automatización con Inteligencia Artificial con una visión clara: integrar la inteligencia artificial en los procesos empresariales para revolucionar industrias además de ayudarles a aumentar significativamente la eficiencia y la productividad.

Mi recorrido en los últimos años ha sido una montaña rusa de desafíos personales y profesionales significativos. La pérdida de mi madre a causa del cáncer fue un golpe devastador, pero en sus últimos días, ella me dejó un mensaje que cambiaría mi vida para siempre: "Sé tú misma".

Este consejo me dio el valor de reconocer públicamente mi identidad como mujer trans. Desafortunadamente, el mismo día que compartí mi verdad, fui despedida de mi puesto como COO debido a discriminación.

Esta experiencia no solo transformó mi carrera; me ofreció la oportunidad de reinventarme completamente. Con conocimientos empresariales y directivos previos, mucho tiempo libre, una curiosidad insaciable y mucha hambre por aprender, decidí sumergirme en el sector tecnológico.

Afronté numerosos desafíos, especialmente al no tener

una formación académica formal en los campos STEM. Sin embargo, esto no me detuvo, guiada por el principio de que "la información está ahí fuera, solo búscala", empecé un intenso período de aprendizaje autodidacta.

Como fundadora de Thuum y CEO de Datability MX, aplico mis conocimientos para impulsar la innovación en la automatización con IA y la Ciencia de Datos. Mi trayectoria es un testimonio del poder del automejoramiento y la educación, y comparto mi historia con la intención no de presumir mis logros, si no de quizás inspirar a otros que tienen que empezar de nuevo, ya sea en el mismo camino en el que se encuentran o en otro diferente.

Recuerden:

"La educación y el esfuerzo personal a menudo nos abren puertas a descubrimientos inesperados y cada final, por duro que sea, es también un nuevo comienzo."

Alice

www.ingramcontent.com/pod-product-compliance
Lightning Source LLC
Chambersburg PA
CBHW050156230526
45470CB00001B/117